BIM技术在高速铁路"四电"集成工程中的应用研究与实践

王红兵　李伟博／主编

吉林科学技术出版社

图书在版编目（ＣＩＰ）数据

BIM 技术在高速铁路"四电"集成工程中的应用研究
与实践 / 王红兵, 李伟博主编. -- 长春：吉林科学技
术出版社, 2022.12
　ISBN 978-7-5744-0119-8

　I. ①B... 　II. ①王... ②李... 　III. ①高速铁路－电力
工程－计算机辅助设计－应用软件 IV. ①U238-39
②TV213.9

中国版本图书馆 CIP 数据核字(2022)第 246516 号

BIM 技术在高速铁路"四电"集成工程中的应用研究与实践

主　　编	王红兵　李伟博
出 版 人	宛　霞
责任编辑	马　爽
封面设计	文　玲
制　　版	刘慧敏
幅面尺寸	170mm×240mm
开　　本	16
字　　数	190 千字
印　　张	12.25
印　　数	1–1500 册
版　　次	2023年8月第1版
印　　次	2023年8月第1次印刷

出　　版	吉林科学技术出版社
发　　行	吉林科学技术出版社
地　　址	长春市南关区福祉大路5788号出版大厦A座
邮　　编	130118
发行部电话/传真	0431-81629529　81629530　81629531
	81629532　81629533　81629534
储运部电话	0431-86059116
编辑部电话	0431-81629510
印　　刷	廊坊市印艺阁数字科技有限公司

书　　号	ISBN 978-7-5744-0119-8
定　　价	70.00 元

编 制 委 员 会

前　言

"交通强国，铁路先行"。铁路工程建设具有规模大、标准高、建设速度快、管理协调复杂、周期长等特点。在传统的管理模式下，各个组织机构和建设环节之间存在信息壁垒、数据孤岛，造成建设过程中面临数据共享与分析困难、管理手段匮乏等问题。以建筑信息模型（BIM）技术为核心的云计算、大数据、物联网、移动互联等新一代信息技术的发展，对铁路工程建设产生了深刻的影响。依托 BIM 技术建立的铁路工程信息模型，使铁路工程建设从源头开始，建立数据之间关联关系，对业务流程进行重组，打造新模式下的数据链条，可对整个生命周期内的工程建设数据进行管理，实现数据共享以及全生命周期的服务和闭环管理，为后续运营和维护提供支撑。

2013 年，中国国家铁路集团有限公司（简称国铁集团）召开专题会议，明确了以 BIM 技术为核心的铁路建设信息化技术，制定了"以铁路工程设计、建设、运营全生命周期管理为目标，以标准化管理为抓手，以 BIM 技术为核心，建立统一开放的工程信息化平台和应用"的铁路工程信息化总体规划。《"十四五"铁路科技创新规划》明确提出大力推进北斗卫星导航、5G、人工智能、大数据、物联网、云计算、区块链等前沿技术与铁路技术装备、工程建造、运输服务等领域的深度融合，加强智能铁路关键核心技术研发应用，推进大数据协同共享，促进铁路领域数字经济发展，提升铁路智能化水平。

针对铁路四电工程施工阶段存在的施工周期缩短，设计图纸深度不够，专业交叉复杂，施工质量问题频发等难题，需引入 BIM 技术辅助施工生产管理，实现铁路四电工程建设项目全方位、全要素、全过程的数据融合共享和信息集成统一，满足现代铁路建设关于合理缩短建设工期、降低建设成本、提高建设质量、降低建设风险等高标准的要求。为了更好地在现场推广应用 BIM 技术，我们编写了本书。

本书内容对接专业基础相通、技术领域相近、职业岗位相关的轨道交通类专业群体的职业岗位能力的需求，通过分析当前 BIM 应用现状及其相关技术特点，结合四电工程建设项目的各个阶段，以实际工程项目为载体，从 BIM 技术实施流程、模型应用、施工建造平台建设、技术发展趋势等方面全面系统介绍在铁路四电工程系统性应用 BIM 技术的解决方案。

本书共分为十章，理论方法与工程实际相结合，由浅入深，循序渐进。通过理解本书中的内容和案例，读者能够全面了解基于 BIM 的铁路建设全生命周期管理新模式，系统地掌握基于 BIM 的四电工程数字化施工管理管理技术，继而提高 BIM 技术应用的创新能力。

由于编者水平有限，书中难免存在不足之处，敬请读者批评、指正。

编 者

2022 年 10 月

目　录

第 1 章　BIM 概述

1.1　BIM 的概述

1.1.1　BIM 的基本定义

在目前较为完整的是美国国家 BIM 标准（National Building Information Modeling Standard，NBIMS）中的定义："建筑信息模型（Building Information Modeling，BIM）是设施物理和功能特性的数字表达；BIM 是一个共享的知识资源，是一个分享有关这个设施的信息，为该设施从概念到拆除的全寿命周期中的所有决策提供可靠依据的过程；在项目不同阶段，不同利益相关方通过在 BIM 中插入、提取、更新和修改信息，以支持和反映各自职责的协同工作"。从这段话中可以提取的关键词如下：

（1）数字表达：BIM 技术的信息是参数化集成的产品；

（2）共享信息：工程中 BIM 参与者通过开放式的信息共享与传递进行配合；

（3）全寿命周期：是从概念设计到拆除的全过程；

（4）协同工作：是不同阶段、不同参与方需要及时沟通交流、协作以取得各方利益的操作。

通俗地来说，BIM 可以理解为利用三维可视化仿真软件将建筑物的三维模型建立在计算机中，这个三维模型中包含着建筑物的各类几何信息（几何尺寸、标高等）与非几何信息（建筑材料、采购信息、耐火等级、日照强度、钢筋类别等），是一个建筑信息数据库。项目的各个参与方在协同平台上建立 BIM 模型，根据所需提取模型中的信息，及时交流与传递，从项目可行性规划开始，到初步设计，再到施工与后期运营维护等不同阶段均可进行有效的管理，显著提高效率减少风险与浪费，这便是 BIM 技术在建筑全生命周期的基本应用。

1.1.2　BIM 的主要特征

（1）可视化的三维模型

随着建筑行业的不断发展，各式各样的新兴建筑设计理念给房屋带来了更多的观赏性，复杂结构也层出不穷，提升建筑格调的同时也给传统二维设计模式带来了巨大的麻烦。可视化这个词语，往往让人们联想到了各类工程前期、竣工时的展示效果图，这的确是属于可视化的范畴，但 BIM 的可视化远不止效果图这么简单。

可视化就是 "所见即所得"，BIM 通过建模软件将传统二维图纸所表达的工程对象以全方位的三维模型展示出来，模型严格遵守工程对象的一切指标和属性。建模过程中，由于构件之间的互动性和反馈性的可视化，使得工程设计的诸多问题与缺陷提前暴露出来。除去以效果图形式展现的可视化结果外，最为重要的是可视化覆盖了设计、施工、运营的各个阶段，各参与方的协调、交流、沟通、决策均在可视化的状态中进行。BIM 可视化能力的价值占 BIM 价值的半壁江山。

（2）面向工程对象的参数化建模

作为 BIM 技术中重要的特征之一，参数化建模是利用一定规则确定几何参数和约束，完成面向各类工程对象的模型搭建，模型中每一个构件所含有的基本元素是数字化的对象，例如建筑结构中的梁、柱、板、墙、门、窗、楼梯等。在表现其各自物理特性和功能属性的同时，还具有智能的互通能力，例如，建筑中梁柱、梁板的搭接部分可以自动完成扣减，实现功能与几何关系的统一。

参数化使得 BIM 在与 CAD 技术对比中脱颖而出，每一个对象均是包含了标识自身所有属性特征的完整参数，从最为直观的外观，到对象的几何数据，再到内部的材料、造价、供应商、强度等非几何信息。

参数化建模的简便之处在于关联性的修改。例如一项工程中，梁高不符合受力要求，需要修改所有相关梁的几何信息，此时只需要将代表梁高的参数更正即可使相关构件统一更正，大大减少了重复性的工作。

（3）覆盖全程的各专业协作

协作对于整个工程行业都是不可或缺的重点内容。一个建筑流程中，业主与设计方的协作是为了使设计符合业主的需求；各设计方之间的协作是为了解决不同专业间的矛盾问题；设计方与施工方的协作是为了解决实际施工条件与设计理念的冲突。传统的工作模式往往是在出现了问题之后，相关人员才召开会议进行协调并商讨问题的解决办法，随后再做出更改和补救，这种被动式的协作通常浪费大量人力、财力。

基于可视化技术的 BIM，提供给各参与方一个直观、清晰、同步沟通协作的信息共享平台。业主、设计方、施工方在同一平台上，各参与方通过 BIM 模型有机的整合在一起共同完成项目。由于 BIM 的协作特点，某个专业的设计发生变更时，BIM 相关软件可以将信息即时传递给其他参与者，平台数据也会实时更新。这样，其他专业的设计人员可以根据更新的信息修改本专业的设计方案。例如，结构专业的设计师在结构分析计算后发现需要在某处添加一根结构柱以符合建筑承载力的要求，在平台上更新自己的设计方案，建筑设计师收到信息更新后会根据这根柱子影响建筑设计的情况来决定是否同意结构设计师的修改要求。在协商解决建筑功能、美观等问题的前提下，机电设计师即可根据添加结构柱后生成的碰撞数据，对排风管道位置进行修改，避免实际施工中的冲突。

（4）全面的信息输出模式

基于国际 IFC 标准的 BIM 数据库，包含各式各样的工程相关信息，可以根据项目各阶段所需随时导出。例如，从 BIM 三维参数化模型中可以提取工程二维图纸：结构施工图、建筑功能分区图、综合管线图、MEP 预留洞口图等。同时，各类非图形信息也可以根据报告的形式导出，如构件信息、设施设备清单、工程量统计、成本预算分析等。而协同工作平台的关联性使得模型中的任意信息变动时，图纸和报告也能够即时地更新，极大提高了信息使用率和工作效率。

1.2　BIM 政策现状

1.2.1　BIM 产生和发展的背景

（1）建筑行业的快速发展

随着各国经济的快速发展，城市化进程的不断加快，建筑行业在推动社会经济发展中起着至关重要的作用。各类工程的规模不断扩大，形态功能越来越多样化，项目参与方日益增多使得跨领域、跨专业的参与方之间的信息交流、传递成为至关重要的因素。

（2）建筑行业生产效率低

建筑业生产效率低是各国普遍存在的问题。2004 年美国斯坦福大学进行了一项关于美国建筑行业生产率的调查研究，其调查结果显示：从 1964 年至 2003 年近 40 年间，将建筑行业和非农业的生产效率进行对比，后者的生产效率几乎提高了一倍，而前者的效率不升反降，下降了接近20%。

在整个设计流程中，专业间信息系统相对孤立，设计师对工程建设的理解及表达形式也有所差异，信息在各专业间传递的过程中容易出现错漏现象，建筑、结构、机电等专业的碰撞冲突问题在所难免。再者由于各专业设计师自身的专业角度以及 CAD 二维图纸的局限性等原因，导致图纸错误查找困难，并且在找出错误后各专业间的信息交互困难，沟通协调效率低下，依然不能保证彻底解决问题。同时这种传递方式极有可能导致后期施工的错误，一旦如此，设计方必须根据施工方反映的问题再度修改图纸，无疑增加了工作量，甚至在多次返工后依然无法保证工程的设计、施工质量。

不难看出，建筑行业生产效率低下的主要原因是：一是在建筑整个全生命周期阶段中，从策划到设计，从设计到施工，再从施工到后期运营，整个链条的参与方之间的信息不能有效地传递，各种生产环节之间缺乏有效的协同工作，资源浪费严重；二是重复工作不断，特别是项目初期建筑、结构、机电设计之间的反复修改工作，造成生产成本上升。这也是目前全球土木建筑业存在两个亟待解决的问题。

（3）计算机技术的发展

自计算机和其他通讯设备出现与普及后，整个社会对于信息的依赖程度逐步地提高，信息量、信息的传播速度、信息的处理速度以及信息的应用程度飞速增长，信息时代已经来临。信息化、自动化与制造技术的相互渗透使得新的知识与科学技术很快就应用于生产实践中。但信息技术在建筑行业中的应用远不如它在其他行业中的应用的情况那样让人满意。

1.2.2　BIM 技术的起源

建筑行业在长达数十年间不断涌现出的诸如碰撞冲突、屡次返工、进度质量不达标等顽固问题，造成了大量的人力、经济损失，也导致建筑业生产效率长期处于较低水平，建筑从业者们痛定思痛后也在不断寻找解决这一系列问题的有效措施。

新兴的 BIM 技术，贯穿工程项目的设计、建造、运营和管理等生命周期阶段，是一种螺旋式的、智能化的设计过程，同时 BIM 技术所需要的各类软件，可以为建筑各阶段的不同专业搭建三维协同可视化平台，为上述问题的解决提供了一条新的途径。BIM 信息模型中除了集成建筑、结构、暖通、机电等专业的详尽信息外，还包含了建筑材料、场地、机械设备、人员乃至天气等诸多信息，具有可视化、协调性、模拟性、优化性以及可出图性的特点，可以对工程进行参数化建模，施工前三维技术交底，以三维模型代替传统二维图纸，并根据现场情况进行施工模拟，及时发现各类碰撞冲突以及不合理的工序问题，可以极大减少工程损失，提高工作效率。

当建筑行业相关信息的载体从传统的二维图纸变化为三维的 BIM 信息模型时，工程中各阶段、各专业的信息就从独立的、非结构化的零散数据转换为可以重复利用、在各参与方中传递的结构化信息。2010 年英国标准协会（British Standards Institution，BSI）的一篇报告中指出了二维 CAD 图纸与 BIM 模型传递信息的差异，其中便提到了 CAD 二维图纸是由几何图块作为图形构成的基础骨架，而这些几何数据并不能被设计流程的上下游所重复利用。三维 BIM 信息模型，将各专业间独立的信息整合归一，使之结构化，在可视化的协同设计平台上，参与者们在项目的各个阶段重复利用着各类信息，效率得到了极大地提高。

上述两种建筑信息载体也经历了各自的发展历程：60 年代人们从手工绘图中解放出来，甩掉沉重的绘图板，转换为以 CAD 为主的绘图方式。如今，正逐步从二维 CAD 绘图转换为三维可视化 BIM。人们认为 CAD 技术的出现是建筑业的第一次革命，而 BIM 模型为一种包含建筑全生命周期中各阶段信息的载体，实现了建筑从二维到三维的跨越，因此 BIM 也被称为是建筑业的第二次革命，它的出现与发展必然推动着三维全生命周期设计取代传统二维设计及施工的进程，拉开建筑业信息化发展的新序幕，如图 1.1。

图 1.1　建筑业信息革命过程

BIM 这个词的产生发展经历了一个比较复杂的过程，BIM 有两种解释：Building Information Model 和 Building Information Modeling，它们的意义差别较大，阐述如下：

20 世纪 70 年代，美国乔治亚理工大学建筑与计算机学院 Charles Eastman（Chuck）博士发表了"建筑描述系统（Building Description System）"的课题，他阐述了现今 BIM 理念，此处 BIM 对应解释为"Building Information Model"，因此 Charles Eastman 被称为"BIM 之父"。在 20 世纪 80 年代后，欧洲（以芬兰学者为首）称这种方法为"Product Information Models"。目前通俗的术语 BIM（Building Information Modeling）是欧特克公司（Autodesk）副总裁 Phil G.Bernrstein 在 2002 年年初收购 RTC 公司（Revit Technology Corporation）后所给出的。2009 年，美国麦克劳 – 希尔建筑信息公司（McGraw-Hill Construction）在一份名为"The Business Value of BIM"（BIM 的商业价值）的调研报告中对 BIM 作了如下定义："BIM is defined as: The process of creating and using digital model for design, construction and/or operations of projects"，可大致翻译为：BIM 是创建、应用数字化模型对项目进行设计、施工和运营的过程。

　　BIM 这个术语在工程行业被广泛推广的推手是 Jerry Laiserin，他在 2002 年 12 月 16 日的"The LaiserinletterTM"第 15 期上，发表了一篇名为"Comparing Pommes and Narajas"（苹果和橙子的比较）的文章，"Pommes"和"Narajas"在法语中分别译为"苹果"和"橙子"。他用两个不相似的东西之间的对比来说明 CAD 与 BIM 间的区别。文中赋予 BIM（Building Information Modeling）的内涵是：用数字形式展现建造过程与设备管理，并以数字形式完成建造过程与设施管理中的信息交互。从此之后，BIM 在工程界引发了业界人士的广泛关注与讨论，人们逐渐开始深入研究 BIM 并积极使用，所以其历史也可称得上错综复杂，在 Jerry Laiserin 的文章发表后，与建筑信息模型相关的各类词汇基本统一为 BIM，Jerry Laiserin 也被人们尊称为"BIM 教父"。

1.2.3　IFC 标准

　　BIM 技术的核心是信息模型，只有精准的模型才能发挥 BIM 的效用，减少浪费。模型的建立并非一步到位，建模是一个不断完善的过程，在这个过程中 BIM 技术的各参与方对于本专业信息的把控程度要求不同，同时各参与方在不同阶段使用的软件也不相同，软件由于开发商的不同直接导致信息标准不一致、软件间无法共享数据的情况发生。不同专业、不同阶段、不同参与方、不同软件间的信息集成与共享是 BIM 应用的前提，而以何种标准将信息添加入模型是 BIM 实施急需解决的问题。

　　美国 BSA 在 2008 年底已经发布了 IFC（Industry Foundation Classes）标准，其目的是为建筑从业人员建立一套工业基础类数据国际标准，使建筑全生命周期各阶段、各参与方使用的各类软件实现信息资源的共享。

IFC 由 4 个层次构建而成，由低到高分别是资源层（Resource Layer）、核心层（Core Layer）、共享层（Interoperability Layer）和领域层（Domain Layer）。

（1）资源层：是包含测量、辅助、几何、对象性质、时间、价格等信息的最低层级，可以不依赖其他类别而单独存在，是一般性的低阶对象和观念，作为信息模型的基本元素与上层实体连接并定义其特性。

（2）核心层：提供了 IFC 对象的基本结构并且定义了建筑绝大部分抽象观念，作为 IFC 架构的第二层级，其所定义的类别能够被上层所有类别全部参照、特殊化。它是 IFC 架构中最为重要的一环，通过它将底层的信息相连，使得概念实体能够合二为一。

（3）共享层：它定义了建筑各个领域之间所共享的观念和模块，以实现各领域间的信息共享。

（4）领域层：作为 IFC 构架的最高层，提供了建筑以及设施管理领域的对象模型。例如：结构领域的梁柱板，暖通工程的风机、空调，管理领域中的设备、人员，建筑领域的节能、功能等。

IFC 的架构遵循阶梯原则（ladder principle）：每一个层级的类别可参照（reference）同一层级或较低层级的其他类别，但不能参照较高层级的类别。

最新 IFC 标准包含了以下九个建筑相关领域：

①建筑；

②结构分析；

③结构构件；

④电气；

⑤施工管理；

⑥物业管理；

⑦ HVAC 建筑

⑧管道消防；

⑨建筑控制。

在今后更新的 IFC 标准中将会纳入地理信息系统（GIS）领域与施工图纸审批系统，使信息交换更为高效。

随着 IFC 标准的影响力逐渐增大，它现已成为建筑业最受广泛认可的国际性公共产品数据标准格式。同时全球部分建筑软件商宣布了旗下产品对

IFC 格式的支持, 基于 IFC 的数据共享模式也为 BIM 的协调设计提供了便利。与此同时, 诸多国家开始制定本国基于 IFC 标准的 BIM 应用规范, 以便在此基础上更好地推广发展 BIM 技术。

1.3 BIM 应用现状

1.3.1 BIM 实施原理与流程

工程项目的建设涉及政府、业主、设计方、施工方、运营商等几大类, 其中设计方包含建筑设计、结构设计、机电设计等; 施工方包括基础工程、主体结构、装饰装修、机电安装等。建筑使用年限短则数十年, 长则上百年。BIM 技术贯穿建筑全生命周期, 在可行性研究、初期规划、设计、施工、运营、维护以及最后的拆除阶段均以信息作为纽带, 连接项目各阶段的参与方。

基于 BIM 技术的应用流程为: 建筑、结构、机电在同一个协同平台上进行各自的专业建模设计, 通过各方多次协调、讨论、修改后形成 BIM 总模型。该模型的特点是具有前期规划、设计相关的一切结构化信息, 并且可以在任何时间地点进行有效的存取和传递。随着项目的进展, 施工及后期运维的相关人员参与进来, 更多的信息通过协同平台进入总模型中。不同阶段的人员可根据自身所需提取信息开展相关应用, 诸如施工与设计的碰撞冲突检测、构件细部可视化设计、工程进度模拟与图纸输出等。保证信息的及时传递与高效应用也正是 BIM 技术的初衷。

1.3.2 BIM 的内涵

(1) 以模型为信息载体

BIM 技术的信息载体是 BIM 模型, 而这个载体的维度也从传统 CAD 图纸的二维变化到了三维, 同时可以根据时间、造价等需求增加更多的维度。下面用几个简单的等式来解释 BIM 模型的维度:

2D= 长 + 宽;

3D= 长 + 宽 + 高, 即 3D=2D+ 高;

......

nD= (n–1) D+ 具体需求, n>3。

BIM 的应用将促使建筑业从二维到三维甚至多维的转型, 但 CAD 二维设计施工的习惯并非一朝一夕能够改变的。传统二维专业设计、施工图纸是由点、线构成，从长、宽两个维度组成建筑，CAD 的三维仅仅是在二维的基础上添加了高度，如此构成的 3D 模型也仅仅只有 3D 这一个功能。

BIM 的多维参数化信息模型，3D 仅仅是其众多功能中的基础。在解决传统二维图纸无法进行信息整合与信息传递问题的基础上，其多维的动态模型也带给工程人员极大的便利。例如加入时间维度的 4D 模型，可以大大地增加工程在进度、施工组织流水、项目优化等方面的把控性；4D 基础上再加入造价维度的 5D 模型，能够对项目各阶段预算进行提前模拟和控制、大大减少了浪费与风险。基于政府部门或者业主方对建筑能耗、低污染、可持续发展等方面的需求，BIM 模型可以添加更多的维度，如此一来，建筑经济、舒适、低能耗、低污染、可持续的理念与应用也达到了新的程度。

（2）以软件为实现途径

工程离不开设计，设计离不开软件。传统设计方式是以 AutoCAD 软件为核心，以平面元素描绘建筑设计师心中的理念，结构设计师再以诸如 PKPM 一类的结构分析软件实现抗震以及承载力的分析。BIM 技术的实现，同样离不开软件，在 BIM 所提供的协同平台上，单一建模软件的应用显得捉襟见肘，往往需要大量功能相异的软件对模型进行支持。一个软件解决问题的时代将一去不复返，这是未来 BIM 技术取代 CAD 技术成为主导的必然结果。

1.3.3　BIM 相关建模软件介绍

BIM 作为一门新兴技术，它的实现离不开软件和硬件的支持。

硬件：计算机的配置必须达到 BIM 技术所需要的相关软件使用的最低配置，否则会出现无法使用、闪退、卡顿等情况影响使用者的工作。同时高性能的移动设备、终端对于 BIM 流程链条的正常开展有着不可或缺的地位。

软件：目前，全球各大软件都在开发更新基于 IFC 标准的 BIM 相关应用软件，以满足市场需求，BIM 技术所需要软件支撑的直观表示，如图 1.2 所示。

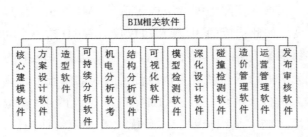

图 1.2　BIM 软件类型示意图

从图中可以看出，BIM 技术的软件应用大致可以分为两大类：BIM 核心建模软件与 BIM 模型辅助分析软件。BIM 技术之所以能实现的原因是软件的发展应用，有了软件才成就了 BIM。每一个 BIM 初学者初识 BIM 时，都会对 BIM 三维模型产生浓厚的兴趣，没有模型就没有后续的一系列应用，而模型的建立离不开核心建模软件。目前 BIM 核心建模软件商主要有以下四家：

Autodesk 公司：美国 Autodesk（欧特克）公司开发的 AutoCAD 软件至今在我国依然有着较高的影响力，所以大家对这家公司并不陌生，其依靠 CAD 软件使用者的巨大基数，在中国市场上占领着极大的份额。该公司旗下 Revit 软件系列包括基于 Revit 的 Architecture（建筑）、Structural（结构）、MEP（管线综合）三类建模软件，主导着民用建筑的设计建模。

Bentley 公司：美国 Bentley 公司为 BIM 开发的基于 Bentley 的建筑、结构、机电建模软件，在基建行业设计建模中雄厚的实力，在该领域起决定性的带头作用。例如，道桥工程、给排水工程、市政工程、电力工程等。

Nemetschek 公司：德国 Nemetschek 公司在 2007 年对匈牙利 Graphisoft 软件公司进行了收购，后者的拳头产品 ArchiCAD 早在 BIM 浪潮席卷全球时就已经开发出来，是最早的 BIM 核心建模软件，有着较大的市场影响力。收购完成后，ArchiCAD 连同 Nemestschek 公司原有的两个产品 AllPLAN、Vector works 在同一标准体系下服务全球 BIM 领域。

Dassault 公司：法国 Dassault（达索）公司旗下的 CATIA，是 PLM（Product Lifecycle Management，产品生命周期管理）协同方案的基本元素，它主要作用是帮助制造商设计未来的产品，由于其在曲面设计建模技术上有极大的竞争力，所以在航空航天、汽车制造、机械工艺、机械化构件、船舶制造等领域有压倒性的优势。

各家公司主要的软件产品，如表 1.1 所示。

表 1.1　BIM 核心建模软件

软件公司	建模软件		
Autodesk	Revit Architecture	Revit structure	Revit MEP
Bentley	Bentley Architec-ture	Bentley Structural	Bentley Building Me-chanical Systems
Nemestschek Graphi-soft	ArchiCAD	AllPLAN	Vector works
Gery Technology Das-sault	Digital Project	CATIA	

（1）Revit 系列产品

由全球三维设计、工程软件领导者 Autodesk 有限公司开发的 Revit 系列产品，提供给建筑业者一个三维参数化设计平台。初期 Revit 软件分为 Architecture、Structural、MEP 三大元素，其目的是满足不同专业设计师对建模设计的需求。随着时间的推移这三大功能在 Revit2013 版本中得到了集成，使得协同设计可以在同一软件中进行，目前常用的是 Revit2021 版本。

在 Revit 中，建筑设计师选用建筑模板并利用参数化建模功能可以极快地创建所需的建筑模型。建筑专用模块下拉菜单中包含建筑柱、墙、门窗等多类构件可供使用者选用，如图 1.3 所示。

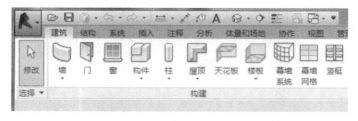

图 1.3　Revit 建筑模块操作界面

建筑模块右侧的结构模块，提供结构柱、梁、板等结构构件的设计功能，结构设计师可以方便地提取各类结构构件进行使用。第三个系统模块提供给机电、暖通、排水专业设计师管线系统的建模功能，管线模型中包含了不同管线位置、功能、材质、成本等详尽信息。各专业利用三个不同功能，凭借软件内强大的信息交换能力构建协同平台能够轻易实现的专业协同设计。

Revit 系列产品的优势主要有四个方面：

①界面友好，功能分区完善，初学者可以很快上手。

②软件可以将各专业作为整体，在同一时间开始展开各自的设计，通过信息的传递与共享搭建建筑整体 BIM 模型，各专业参与度高。

③参数化的关联性修改，设计师可以根据其他专业的修改信息及时更改模型，达到高效率的协同作业。

④剖面功能极为强大，对于异形建筑的定位以及结构梁柱的布置非常容易。

Revit 系列产品的劣势：作为使用率较高的核心建模软件，Revit 的参数化规则（软件内部计算方法）在对曲面结构进行设计时往往具有较大难度，特别是异类连续形曲面结构，如不规则曲面屋顶、幕墙、古建筑等。目前用利用概念体量的方法完成了一些曲面的造型，但操作过程过于繁杂，需要通过空间描绘、拉伸、旋转以及融合联合使用，如图 1.4 所示。国内大型设计院对于 BIM 模型中的曲面设计环节，大多通过院内自制二次开发插件，输入曲面公式，然后在 Revit 中直接生成曲面。

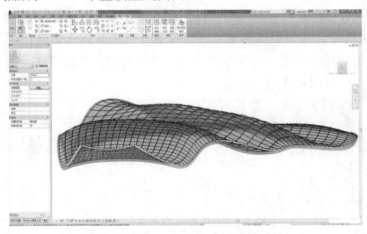

图 1.4　某汽车站曲面屋顶概念体量

（2）Bentley 系列产品

除去较为普遍的三类 BIM 建模软件 Bentley Architecture（建筑），Bentley Structural（结构）；Bentley Building Mechanical Systems（机械）之外，该公司还面向电气、设备、场地建模、复杂几何造型设计以及碰撞检查等领域推出了相应的软件：

Bentley Building Electrical Systems（电气）；

Bentley Facilities（设备）；

Bentley Power Civil（场地建模）；

Bentley Generative Components（设计复杂几何造型）

Bentley Interference Manager（碰撞检查）。

Bentley 作为几大核心建模软件制造商之一，其研发的 Bentley Project Wise 管理平台为两个及以上用户、项目提供支持，这是区别于其他建模软件的一大特点，其协同设计能力也基于该平台得到有效地发挥。

平台通过对 DWG 格式文件、地理光栅图像、各类规范及标准以及模板资源的储存，完成 BIM 各阶段信息的集成。Bentley 公司基于 BIM 的解决方案，提供功能各异的软件来解决建筑业各阶段所遇到的问题。

Bentley 系列产品的优势：

①强大的参数化建模技术，能够实现从门窗、墙体到大型结构构件的模型建立，同时其拥有大量的实用建模工具，可以为建筑行业各类工程模型建立提供可靠的支撑。

②拥有多种建模方式。前述提到 Revit 的缺陷是不能方便、快速地建立复杂曲面模型，Bentley 在这一点上有着突出优势。基于 Bentley 的 Microstation 图形平台，利用内置的实体、网格面、B-Spline 曲线曲面、特征参数化、拓扑等多种建模方式，可以自由拓展变形。

Bentley 系列产品的劣势：

①用户操作界面繁多，难以上手，不适合初学者使用；多界面的频繁切换直接导致软件可操作性下降，体验感较差。

②公司旗下的各类分析软件必须配合使用，短时间内无法将各类功能全部掌握，学习需要花费较多精力。

③不同建模方式创建的模型具有各自的特征，使得模型间的互用产生问题，直接影响协同效率。

④国内该软件需要购买使用权限，且价格昂贵，使得其市场占有率不如 Revit 高。

（3）ArchiCAD 系列产品

匈牙利 Graphisoft 公司于 20 世纪 80 年代推出了 ArchiCAD 系列产品，并以"虚拟建筑"的概念成为首个建筑信息模型软件。ArchiCAD 能够完美运行于国内计算机的 Windows 平台。除了继承 ArchiCAD 较早版本中互用性的特点外，新的版本与一系列能源消耗以及可持续绿色应用软件建立了互通平台，保留了软件海量对象库的同时还添加了接口，以便进行进一步的分析应用，例如依托 Maxon 进行曲面制作以及模拟，与 SU（Sketchup）共同建立模型，利用 ArchiFM 管理设备等。

ArchiCAD 的优势：

①与 Revit 类似，均有着友好型界面，易于操作学习；唯一一款能够适用 Mac 平台的建模软件。

②软件运行速度快，与众多建模软件相比，其对计算机硬件的要求较低，无需购买高配置计算机即可展开 BIM 相关工作；在新版本中，速度得到了更大的提升，不需要长时间的视图加载，使得模型在可视化设计展示时不会出现卡顿现象。

③基于 ArchiFM 的设备管理提供丰富多样的施工应用，例如，施工图纸的平、立、剖面图可以快速生成，并且根据不同视图中的修改自动同步到其他视图中。

ArchiCAD 的劣势：

①专注于建筑设计领域，不包含结构专业，MEP 功能也未能得到提升。

②体量建模功能低下，导致曲面造型、幕墙、坡道、屋顶等很难快速建立。

运行速度虽快，但其引擎较老，软件运行速度在遇到大型项目时会出现较为吃力的情况，一般需要对项目设计进行拆分来解决该问题，如此一来，设计工作量就增加了。

1.4 BIM 发展趋势

1.4.1 BIM 技术在国外的发展趋势

BIM 的概念起源于美国，所以 BIM 的研究与应用实践在美国起步很早，并已验证 BIM 技术在建筑行业中的应用潜力，所以利用 BIM 及时弥补了建筑行业中的诸多损失。距它在 2002 年正式进入工程领域至今已有 21 年之久，BIM 技术已经成为美国建筑业中具有革命性的力量。在全球化的进程中，BIM 的影响力已经扩散至欧洲、韩国、日本、新加坡等地区，这些地区的 BIM 技术均已经发展到了一定水平。

（1）BIM 在美国的研究发展

美国总务管理局（General Services Administration，GSA）于 2003 年推出

了国家 3D-4D-BIM 计划，并陆续发布了一系列 BIM 指南。美国总务管理局要求：从 2007 年起，美国所有达到招标级别的大型项目必须应用 BIM，且前期规划和后期的成果展示需要使用 BIM 模型（此为最低标准），GSA 鼓励所有项目采用 3D-4D-BIM 技术，并且给予采用该技术的项目各个参与方资金支持，其多少根据使用方的应用水平和阶段来确定。目前，GSA 正大力探索建筑全生命周期的 BIM 应用主要囊括：前期空间规划模拟、4D 可视化模拟、能源消耗模拟等。GSA 在推广 BIM 应用上表现得十分活跃，极大地推动了美国工程界 BIM 的应用浪潮。

美国联邦机构美国陆军工程兵团（United States Army Corps of Engineers, USACE）在 2006 年制定并发布了一份 15 年（2006—2020 年）的 BIM 路线图。

美国建筑科学研究院于 2007 年发布 NBIMS，旗下的 Building SMART 联盟（Building SMART Alliance, BSA）负责 BIM 应用研究工作。2008 年底，BSA 已拥有 IFC（Industry Foundation Classes）标准、NBIMS、美国国家 CAD 标准（United States National CAD Standard）等一系列应用标准。

美国伊利诺伊大学（University of Illinois）的 Golparvar-Fard, Mani, Savarese, Silvio 等学者，将 BIM 技术和影像技术相结合，建立模型后输入计算机中进行工程可视化施工模拟，将三维可视化模拟的最优成果作为实际施工的指导依据。

美国哈佛大学（Harvard University）的 Lapierre·A、Cote·P 等学者提出了数字化城市的构想，他们认为实现数字化城市的关键在于能否将 BIM 技术与地理信息系统 GIS（Geographic Information System）相结合。BIM-GIS 的联合应用，BIM 可视化技术拟建工程内部各类对象，GIS 技术弥补 BIM 在外部空间分析的弱势，也是当下建筑产业具有极高探索、应用价值的环节。

（2）BIM 在欧洲的研究发展

与大多数国家相比，英国政府要求强制使用 BIM。2011 年 5 月，英国内阁办公室发布了"政府建设战略（Government Construction Strategy）"文件，其中有整个章节关于建筑信息模型（BIM），这章节中明确要求，到 2016 年，政府要求全面协同的 3D-BIM，并将全部的文件以信息化管理。英国在 CAD 转型至 BIM 的过程中，AEC（英国建筑业 BIM 标准委员会）提供了许多可行的方案措施，例如，模型命名、对象命名、构件命名、建模步骤、数据交互、可视化应用等。

　　北欧四国(挪威、丹麦、瑞典、芬兰)是全球一些主要建筑产业软件开发厂商的所在地,例如 Tekla, ArchiCAD 等,因此这些国家是第一批使用 BIM 软件建模设计的国家,也大力推广着建筑信息的传递互通和 BIM 各类相关标准。这些国家并不像英美一样强制使用 BIM 技术,其 BIM 的发展较多的是依赖于领头企业的自觉行为。北欧国家气候特点是冬天天寒地冻且周期长,极不利于建筑生产施工,对于他们来说,预制构件是解决这一问题的关键,而 BIM 技术中包含的丰富信息能够促使建筑预制化的有效应用,故这些国家在 BIM 技术的使用上也进行了较早的部署。一个名为 SenateProperties 的芬兰企业在 2007 年发布了一份建筑设计的 BIM 要求(Senate Properties' BIM Requirements for Architectural Design, 2007),该份文件中指出:自 2007 年 10 月 1 日起,Senate Properties 的项目仅在建筑的设计部分强制使用 BIM 技术,其他设计部分诸如结构、水暖电等采用与否根据具体情况决定,但依然鼓励全生命周期使用 BIM,充分利用 BIM 技术在设计阶段的可视化优势,解决建筑设计存在的问题。

　　建筑虚拟设计建造技术 VDC(Virtual Design and Construction)作为 BIM 技术可视化的重要一环,Brian Gilligan、John Kunz 等学者在研究其在欧洲领域市场的应用时,发现工程项目在实施中,技术组织上还存在一定的问题。但 VDC 使用的人数日益增多,且应用程度也随着研究的进展而深入,欧美地区的建筑业者对 VDC 的理解较为深刻,深信该项技术能够在 BIM 可视化应用中占有绝对的地位。

　　(3)BIM 在亚洲的研究发展

　　在亚洲,诸如韩国、日本、新加坡等国对 BIM 技术的研究与应用程度并不低。2010 年,日本国土交通省宣布推行 BIM,并且选择一项政府建设项目作为试点,探索 BIM 在可视化设计、信息整合的实际应用价值及方式。日本的软件行业在全球名列前茅,而日本的软件商们也逐渐意识到 BIM 并非一个软件就能完成的,它需要多软件的配合,随后日本国内多家软件商自行组成了其本国软件联盟,以进行国产软件在 BIM 技术中解决方案研究。此外,日本建筑学会于 2012 年 7 月发布了日本 BIM 指南,其内容大致为:为日本的各大施工单位、设计院提供在 BIM 团队建设、BIM 设计步骤、BIM 可视化模拟、BIM 前后期预算、BIM 数据信息处理等进行方向上的指导。

　　在韩国,公共采购服务中心、国土交通海洋部致力于 BIM 应用标准的制订。《建筑领域 BIM 应用指南》于 2010 年 1 月完成发布，该指南提供了建筑业业主、建筑设计师采用 BIM 技术时所需的必要条件及方法。目前韩国多家建筑公司，如三星建设、大宇建设、现代建设等都着力开展 BIM 的研究与使用。

新加坡在 2009 年建立了基于 IFC 标准的政府网络审批电子政务系统，要求所有的软件输出都支持 IFC2x 标准的数据。因为网络审批电子政务系统在检查程序时，只需识别符合 IFC2x 的数据，不需人工干预即可自动地完成审批，极大地提高了政务审批效率。由于新加坡尝到了电子政务系统带来的好处，随着科学技术的进步，类似的电子政务项目将会越来越多，而 BIM 技术在电子政务系统中扮演的角色也会越来越重。2011 年，建筑管理署 BCA（Building and Construction Authority）发布了新加坡 BIM 发展路线规（BCA's Building Information Modeling Roadmap），并制定了新加坡 BIM 发展策略。

1.4.2　BIM 技术在国内的发展趋势

在 BIM 技术全球化的影响下，我国于 2004 年引入了 BIM 相关技术软件，这是我国首次与 BIM 技术结缘。2009 年 5 月，中央"十一五"国家科技支撑计划重点项目《现代建筑设计与施工关键技术研究》在北京启动，其明确提出将深入探索 BIM 技术，利用 BIM 的协同设计平台提高建筑生产质量与工作效率。在"十二五"期间，基本实现建筑行业 BIM 技术的基本应用，加快BIM 协同设计及可视化技术的普及，推动信息化建设，推进 BIM 技术从设计阶段向施工运营阶段的延伸，促进虚拟仿真技术，4D 管理系统的应用，逐步提高建筑企业生产效率和管理水平。

随着我国 BIM 浪潮的掀起，在 2008 年由中国建筑科学研究院、中国标准化研究院起草了《GB/T25507–2010 工业基础类平台规范》，并将 IFC 标准作为我国国家标准。

我国越来越多的大型项目开始选择使用 BIM 技术这一平台，收获了一些成效的同时也出现了一些问题。下面列举近年来我国工程界应用 BIM 的典型案例：

（1）上海世博会奥地利馆，由于曲面形式多样、空间关系复杂、专业协调量大、进度紧的特点，相关人员在设计阶段利用 BIM 可视化技术，大大缩短了设计变更所需要的修改时间。但巨大的专业协调量，使得各专业之间的协同设计和配合问题未得到解决。

（2）北京奥运会水立方，场馆较大，结构复杂，在钢结构设计阶段采用 BIM 技术，充分有效地将信息传递利用，各阶段参与方协同设计，缩短了建设周期。但由于各方沟通问题，且没有一个统一的工作标准，使得协同并未达到较高的程度。

（3）银川火车站项目，空间形体复杂，钢桁架结构形式多样，设计方在设计阶段利用 BIM 可视化技术，进行三维空间实体化建模，直观地实现了空间设计，钢结构创建符合要求。但后期施工的碰撞检测并未进行。

与此同时，我国各大高校也正积极地探索研究 BIM 技术：

（1）香港理工大学建筑及房地产学系李恒等学者成立了建筑虚拟模拟实验室，他们对基于 BIM 技术的虚拟可视化施工技术进行了大量研究，并利用 BIM 虚拟施工技术解决工程项目实际问题。同时，他们还将 3D 视频效果引入虚拟施工过程中，增强了虚拟施工的效果和真实感。

（2）同济大学何清华等学者结合国内 BIM 技术的研究发展现状，总结当下建筑工程施工中的不足，提出了 BIM 工程管理框架。

（3）上海交通大学，重庆大学，西南交通大学，华中科技大学，天津大学等高校也先后成立了 BIM 科研机构和 BIM 工程实验室，在 BIM 的使用标准、应用方式、管理构架等方面进行探索。

目前，国内很多大型设计院、工程单位着力于开展 BIM 技术的研究与应用：中国建筑西南设计研究院、四川省建筑设计研究院、CCDI 等先后成立了 BIM 设计小组；中铁二局建筑公司成立了 BIM 高层建筑应用中心；中建三局在机电施工安装阶段大力采用 BIM 技术；上海建工集团、华润建筑有限公司等也在施工中阶段性的应用 BIM；成都市建筑设计研究院与成都建工组成联合体采用 EPC 项目总承包模式承接工程项目，BIM 涵盖在 EPC 的各个阶段。中铁二院工程集团有限公司在西部某高速铁路的设计阶段采用 BIM-GIS 的结合应用，在铁路桥梁选线方向取得了极大的进展。相关的 BIM 咨询公司也相继成立，优比咨询和柏慕咨询均对 BIM 技术进行了研究与使用，并不断推出介绍各类新的观点和方案；北京橄榄山软件公司开发的橄榄山快模可以极快地将 CAD 图纸翻模成 BIM 三维模型，为各大单位将已有图纸转化为 BIM 模型进行研究应用提供了便利。我国 BIM 的发展正如火如荼地进行着。

虽然 BIM 在我国引入较早，并已逐步地被接受认识，且在诸多著名建筑设计中有所应用，但我国 BIM 技术应用水平依然不高，存在着各方面的不足。首先，政府及相关单位并未出台有关 BIM 技术的完整法律法规；其次，基于 IFC 的数据共享的使用情况还未达到理想状态，仍需政府部门和相关法规的大力推动。再者，BIM 技术所需的软件几乎都是从国外引入，本土化程度低，建筑从业人员对 BIM 的理解并不深刻，缺乏系统的培训。但随着 BIM 技术的不断发展，加之对发达国家 BIM 技术的借鉴，我国 BIM 技术所面临的难题终会一一解决，新兴的 BIM 技术注定会像如今的 CAD 技术一样普及。

第2章　BIM技术实施组织架构

2.1　BIM管理工作小组组织架构

针对具体项目设立由项目经理及项目总工管理的组织机构。其中BIM项目经理为负责人，由BIM模型组、审核组及应用组共同参与实施BIM项目施工建设工作，每组根据项目大小配比相应的BIM工程师，具体组织架构如图2.1所示。

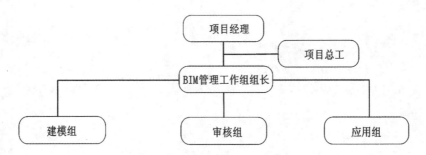

图2.1　BIM管理工作小组组织架构

2.2　BIM工程项目施工建设组织架构

为了更好地实现高铁四电工程项目建设各阶段的信息化管理，保证项目实施过程中各参与单位间的组织协调，需明确BIM技术应用组织架构以及各方责任和义务，应用组织架构如图2.2所示。

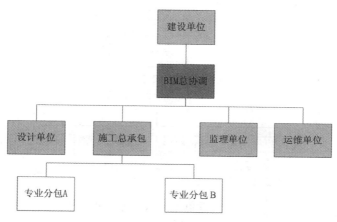

图 2.2　应用组织架构

2.3　BIM 实施岗位"三定"方案

2.3.1　建设单位

（1）组织策划项目 BIM 实施策略，确定项目的 BIM 应用目标、应用要求，并落实相关费用；

（2）委托工程项目的 BIM 总协调方，其中，BIM 总协调方可以为满足要求的建设单位相关部门、设计单位、施工单位或第三方咨询机构；

（3）按《项目 BIM 应用方案》与各参与方签订合同；

（4）组织协调参建各方应用 BIM 技术；

（5）验收制作完成的进度计划，验收进度追踪，制定纠偏措施；

（6）验收质量、安全事件是否处理到位；

（7）验收物料追踪事件；

（8）验收报警事件是否完成消警；

（9）查阅工作汇报（日报、月报、周报），处理参建方提出的问题；

（10）接收通过审查的 BIM 交付模型和成果档案。

建设单位 BIM 实施组织机构如图 2.3 所示，岗位、职责及能力要求如表 2.1 所示。

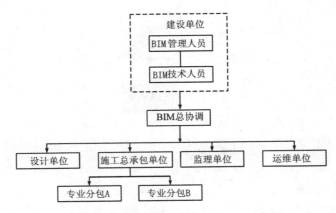

图 2.3　建设单位 BIM 实施组织机构

表 2.1　岗位、职责及能力要求

团队角色	要求	职责
BIM 管理人员	具备相关专业背景，具有铁路工程项目 BIM 管理的经验，熟悉 BIM 专业软件，具有良好的组织能力和沟通能力。	1. 确定施工阶段总体 BIM 实施目标及信息化工作流程； 2. 建立 BIM 团队，确定各角色人员职责与权限，并组织本单位的 BIM 相关工作； 3. 组织、协调、监督其他各单位 BIM 相关工。
BIM 技术人员	具备相关专业背景，具有 BIM 应用实践经验，能熟练掌握相关 BIM 软件。	1. 协助 BIM 管理人员组织、协调各单位 BIM 相关工作； 2. 进行授权范围内的信息管理、收集与整理工作。

2.3.2　BIM 总协调方

（1）制定《项目 BIM 应用方案》，并组织管理和贯彻实施；

（2）BIM 成果的收集、整合与发布，并对项目各参与方提供 BIM 技术支持；审查各阶段项目参与方提交的 BIM 成果并提出审查意见，协助建设单位进行 BIM 成果归档；

（3）根据建设单位 BIM 应用的实际情况，可协助其开通和辅助管理维护BIM 项目协同平台；

（4）组织开展对各参与方的 BIM 工作流程的培训。

总体协调方 BIM 实施组织机构如图 2.4 所示，岗位、职责及能力要求如表 2.2 所示。

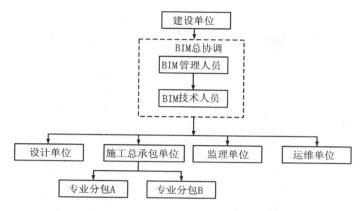

图 2.4 BIM 总协调方实施组织机构

表 2.2 岗位、职责及能力要求

团队角色	要求	职责
BIM 管理人员	具备相关专业背景，具有铁路工程项目 BIM 管理的经验，熟悉 BIM 专业软件，具有良好的组织协调能力和沟通能力。	1. 确定施工阶段总体 BIM 实施目标及信息化工作流程； 2. 根据项目要求制定项目 BIM 应用实施方案，并组织管理实施； 3. 负责协助建设单位组织、协调、审核、监督其他各单位 BIM 相关工。
BIM 技术人员	具备相关专业背景，具有 BIM 应用实践经验，能熟练掌握相关 BIM 软件，具有良好的沟通协调能力。	1. 协助 BIM 管理人员组织、协调各单位 BIM 相关工作； 2. 进行授权范围内的信息管理、收集与整理工作； 3. 为项目参与方提供技术支持。

2.3.3 监理单位

（1）提供现场签证相关信息；

（2）需要掌握基本的 BIM 应用技能与参建各方工作完成情况，应能够使用建模软件浏览、查看模型，掌握各施工单位的模型应用情况；

（3）复核模型与现场是否一致。复核施工方制作的进度计划是否符合建设单位方工期要求，复核施工方发起的进度追踪是否与现场一致；

（4）对施工现场管理的进度、质量、安全文明施工等事件进行监督记录、上传、最后建设单位方验收完成闭环；

（5）参与物料追踪事件，确保物料质量检测合格后才可用于施工现场；

（6）参与报警事件，确保监测报警及时消警；

（7）配合 BIM 总协调方，对 BIM 交付模型的正确性及可实施性提出审查意见；

（8）填写工作日志及汇报。

监理单位 BIM 实施机构如图 2.5 所示，岗位、职责及能力要求如表 2.3 所示。

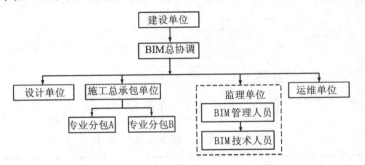

图 2.5　监理单位 BIM 实施组织机构

表 2.3　岗位、职责及能力要求

团队角色	要求	职责
BIM 管理人员	具备相关专业背景，了解 BIM 专业软件，具有良好的组织能力和沟通能力。	1. 根据建设单位确定的施工阶段 BIM 实施目标及信息化工作程，制定监理单位 BIM 实施方案； 2. 建立 BIM 团队，确定各角色人员职责与权限； 3. 组织、协调人员进行 BIM 相关应用。
BIM 技术人员	具备相关专业背景，能熟练掌握相关 BIM 软件。	1. 协助 BIM 管理人员进行相关应用； 2. 进行授权范围内的信息管理、收集与整理工作。

2.3.4　设计单位

（1）配置 BIM 团队，并根据《项目 BIM 应用方案》的要求提供 BIM 成果，提高项目设计质量和效率；

（2）采用 BIM 技术在设计阶段建立 BIM 模型，根据《项目 BIM 应用方案》编写《项目设计 BIM 实施方案》，并完成《项目设计 BIM 实施方案》制定的各应用点。《项目设计 BIM 实施方案》应包含下列内容：

· BIM 软件及版本；

· 设计阶段 BIM 应用目的；

· 设计阶段 BIM 应用范围；

・BIM 工作内容；

・各专业模型内容；

・各阶段模型深度要求；

・BIM 模型属性要求；

・BIM 模型组织方式；

・建模规则与信息要求；

・协同工作分工；

・成果交付格式及内容。

（3）设计单位项目 BIM 负责人负责内外部的总体沟通与协调，组织设计阶段 BIM 的实施工作，根据合同要求提交 BIM 工作成果，保证模型的正确性和完整性；

（4）接受 BIM 总协调方的监督，对总协调方提出的交付成果审查意见及时整改落实；

（5）设计单位与各参与单位进行 BIM 技术应用交底。

设计单位 BIM 实施组织机构如图 2.6 所示，岗位、职责及能力要求如表 2.4 所示。

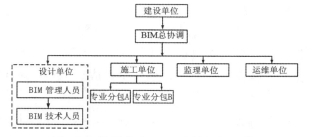

图 2.6　设计单位 BIM 实施组织机构

表 2.4　岗位、职责及能力要求

团队角色	要求	职责
BIM 管理人员	具备相关专业背景，具有铁路工程项目 BIM 设计管理经验，熟悉 BIM 专业软件，具有良好的组织能力和沟通能力。	1. 根据建设单位确定的施工阶段 BIM 实施目标及信息化工作流程，制定设计单位 BIM 实施方案； 2. 建立 BIM 团队，确定各角色人员职责与权限； 3. 组织、协调人员进行各专业 BIM 设计模型交底、BIM 设计模型维护、BIM 设计模型变更等相关工作。
BIM 技术人员	具备相关专业背景，具有 BIM 应用实践经验，能熟练掌握相关 BIM 软件。	1. 进行各专业 BIM 设计模型交底、BIM 设计模型维护、BIM 设计模型变更等相关工作； 2. 进行授权范围内的信息管理、收集与整理工作。

2.3.5 施工总承包

（1）配置 BIM 团队，并根据《项目 BIM 应用方案》的要求提供 BIM 成果，利用 BIM 技术进行节点组织管理，进一步提高项目施工质量和效率；

（2）接收设计单位所交付的 BIM 模型，并完善施工模型，根据现场情况及时更新，保持适用性；

（3）根据《项目 BIM 应用方案》编写《项目施工 BIM 实施方案》，并完成《项目施工 BIM 实施方案》制定的各应用点。《项目施工 BIM 实施方案》应包含下列内容：

· 项目施工阶段 BIM 实施目标；

· 各参与方的 BIM 实施职责及团队配置要求；

· 施工阶段 BIM 实施计划；

· 施工阶段各参与方项目协同权限分配及协同机制；

· 软件版本及数据格式的统一；

· 目 BIM 实施应用管理办法；

· 信息录入标准；

· 项目成果交付要求；

· 审核 / 确认：BIM 成功和数据的审核 / 确认流程。

（4）承包单位 BIM 负责人负责内外部的总体沟通与协调，组织施工阶段 BIM 的实施工作，根据合同要求提交 BIM 工作成果，并保证其正确性和完整性；

（5）接受 BIM 总协调方的监督，对总协调方提出的交付成果审查意见及时整改落实；

（6）根据合同确定的工作内容，统筹协调各分包单位进一步完善施工 BIM 模型，将各单位交付模型整合到施工总承包的施工 BIM 交付模型中；

（7）利用 BIM 技术辅助现场施工，安排施工顺序节点，保证施工合理、科学推进，以确保各项工程目标按期完成。

施工总承包 BIM 实施组织机构如图 2.7 所示，岗位、职责及能力要求如表 2.5 所示。

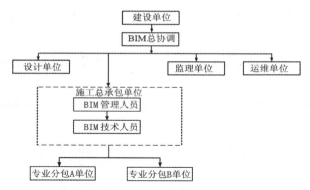

图 2.7　施工单位 BIM 实施组织机构

表2.5　岗位、职责及能力要求

岗位	要求	职责
BIM 管理人员	具有丰富的高铁四电工程经验，BIM 技术项目经验，了解 BIM 专业软件的应用，具有良好的组织能力和沟通能力。	1. 建立并管理施工 BIM 团队，确定各角色人员职责与权限； 2. 负责项目的统筹、实施、资源调配； 3. 监督、检查项目执行进展。
BIM 技术人员	具备高铁四电工程相关专业背景，具备 BIM 技术应用经验，能熟练进行 BIM 软件的应用。	1. 负责 BIM 技术应用系统、数据协同及存储系统的日常维护； 2. 负责宣贯 BIM 技术应用流程、解决 BIM 技术应用过程中出现的问题及故障； 3. 制定 BIM 技术应用方案、报告等，组织 BIM 制图员进行 BIM 模型深化设计及可视化交底等 BIM 模型应用； 4. 结合设计 BIM 模型、施工图纸和施工方案，建立施工阶段 BIM 模型； 5. 基于 BIM 模型，负责四电项目进度、安全、质量等管理工作； 6. 负责协调模型与现场的相互配合。

2.3.6　专业分包单位

（1）配置 BIM 团队，并根据《项目 BIM 应用方案》和《项目施工 BIM 实施方案》的要求，提供 BIM 成果，并保证其正确性和完整性；

（2）接收施工总承包的施工 BIM 模型，并基于该模型，完善分包施工 BIM 模型，且在施工过程中及时更新，保持适用性；

（3）根据《项目 BIM 应用方案》和《项目施工 BIM 实施方案》编写《分

包项目施工 BIM 实施方案》，并完成《分包项目施工 BIM 实施方案》制定的各应用要点；

（4）分包单位项目 BIM 负责人负责内外部的总体沟通与协调，组织分包施工 BIM 的实施工作；

（5）接受 BIM 总协调方和施工总承包方的监督，并对其提出的审查意见及时整改落实；

（6）利用 BIM 技术辅助现场施工，合理安排施工顺序节点，按进度计划完成各项工程目标。

专业分包单位的岗位设置、职责及能力要求可参照施工总承包单位。

2.3.7 运维单位

（1）根据所接接收的 BIM 模型及相关成果进行日常管理，并对 BIM 模型进行深化、更新和维护，保持适用性；

（2）宜在设计和施工阶段提前配合 BIM 总协调方，确定 BIM 数据交付要求及数据格式，并在设计 BIM 交付模型及竣工 BIM 交付模型交付时配合BIM 总协调方审核交付模型，提出审核意见；

（3）搭建基于 BIM 的项目运维管理平台；

（4）接收竣工 BIM 交付模型，并基于该模型，完善运营 BIM 模型，并保证其正确性和完整性。

运维单位 BIM 实施组织机构如图 2.8 所示，岗位、职责及能力要求如表2.6 所示。

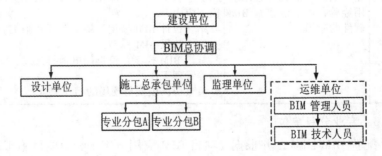

图 2.8　运维单位 BIM 实施组织机构

表 2.6　岗位、职责及能力要求

团队角色	要求	职责
BIM 运维管理人员	具有丰富的工程经验及 BIM 技术应用经验。	负责各专业运维的统筹、实施、资源调配。
BIM 运维技术人员	具有丰富的 BIM 技术应用及工程经验，熟悉系统的维护工作，熟练运用 BIM 相关软件。	1. 配合运维管理人员确定运维的技术要求；负责各专业相关工作协调、配合； 2. 安全、质量、进度、档案资料等实时录入，确保档案资料归集与工程实体进度同步； 3. 负责各专业相关工作协调、配合。

第3章 BIM 技术实施计划目标

3.1 BIM 技术应用管理目标

3.1.1 三大管理目标

在施工阶段，为保证工程品质，需要开展高质量的管理，以此来完善项目方案，并对各个施工环节进行协调控制。工程项目中的质量、进度、成本管理属于整个施工环节中的核心内容，直接关系到工程项目最终竣工质量。三大目标管理在落实过程中，相互之间独立却又存在一定联系，当过于追求工程质量与进度时，工程项目的成本便会大幅增加，而在重点强调工程进度与成本之后，则会对工程质量带来影响。所以只有保证三大目标管理协调推进，保障在工程项目中发挥出各自应有的作用，才能提高工程项目质量。从三大目标管理出发，并结合 BIM 技术优化目标管理，在保证工程质量的前提下创造出更多经济效益。

（1）工程质量管理目标

在工程施工阶段，开展质量管理的最终目标就是提高工程质量，通过针对施工环节进行指挥、协调来提高工程品质。在质量管理落实期间，必须提前明确质量管理目标，结合最终目标合理安排管理计划，因为质量管理将会贯穿于整个工程项目中的所有环节，所以质量管理的重要性毋庸置疑。

影响工程品质的因素有很多，其中人工、材料以及环境等因素带来的影响相对较大。在开展人员管理期间，需要考虑项目参与人员的能力和心理状态，需具备足够的专业能力，工作中充分发挥主观能动性，在工程项目中充分发挥自己的能力；在材料管理期间，需通过加强材料检验方式来保证材料质量；在环境管理期间，需要与城市管理单位就施工材料的运输路线、摆放位置、施工时间以及围挡区域等具体事项进行协商沟通，确保施工期间不出现环保问题。目前，动态管理是较为普遍的管理方式，采用 PDCA 循环的方式严格落实管理计划，在施工结束后针对不足之处来进行改进，保证后续工程质量管理的最终效果。

（2）工程进度管理目标

在工程项目中，开展进度管理是为了在既定时间内完成任务目标。在进度管理期间，管理人员需要通过规划现有资源来提高工程进度。在落实进度管理时，应该优先开展进度方案的编制，在项目施工期间完成监管，并根据现场实际对施工计划作出合理调整。除此之外，为了能够完成进度管理目标，在工程施工期间需要将整个进度管理方案进行细化，并进行动态跟进，明确不同施工环节中的进度管理要求，以此完成整个工程的施工进度控制。

在进度管理期间，较为常见的管理方式有组织、技术、经济管理等。其中组织管理是从工程组织中入手，通过强化权责落实的方式来提高进度管理质量；技术管理则是通过强化进度计划的方式来实现工程进度目标；经济管理则是通过整合财务、人力资源、材料设备、成本核算等各方资源的方式为进度管理提供保障。不同的管理方式的侧重点及其优劣势各有不同，通过融合不同管理方式来提高管理品质，保障施工进度在合理管控区间内。

（3）工程成本管理目标

工程成本管理的最终目标就是对现有的工程项目进行成本优化，以此来提高工程项目的经济性。在开展成本管理时，为了实现成本利益最大化，需要针对工程的不同阶段来加强成本管控。通常情况下，成本管理在正式开始之前，需要对工程项目的实际费用、计划费用进行对比，然后结合施工阶段出现的偏差情况完成分析和修订。

由于对工程成本影响最大的环节是施工阶段，因此，在成本管理期间应对整个工程成本规划作出合理编制，加强对于工程施工费用的监管。在成本管理分析时，需要将实际成本费用与计划成本费用相对比，以便找出计划成本费用中的不足之处供后续工程项目参考改进。此外，还需加强对于成本核算的管控，通过对于人工、材料等的成本核算，分析工程项目的实际价值。

3.1.2　BIM 技术应用目标

BIM 技术属于建筑信息模型，在使用期间能够完成针对工程项目特性的表达。作为一种共享资源，BIM 技术能够提供工程项目的全生命周期中的关键数据，为项目管理人员的决策带来帮助。在项目建设的不同阶段，BIM 技术能够发挥出不同的作用。采用 BIM 技术提供可视化、虚拟化的项目管理解决方案，使不同阶段、不同参建单位之间无障碍连接、交流沟通及管理得以顺利实现，从根本上有效地解决项目不同阶段、不同参建单位、不同辅助管理工具（如软件、图纸、档案文件等）之间的项目数据结构化信息交换和组织管理共享，引领施工总承包的管理走向更高层次。BIM 目标及 BIM 应用如下：

（1）加强项目设计与施工的协调：基于 BIM 模型完成施工图综合会审和深化设计；

（2）优化设计：合理优化四电管线、机房设备排布，减少占用空间；

（3）减少施工现场碰撞冲突：碰撞检测，确保图纸进入施工现场零错误，零修改；

（4）优化施工进度计划及流程：4D 施工模拟，确保施工流水顺序最优化，各工序穿插顺序最优化；

（5）快速评估变更引起的成本变化：基于 BIM 模型的 5D 资源成本模拟辅助管理；

（6）通过工厂制造提升质量管理：预制、预加工构件的数字化加工；

（7）预制、预加工跟踪管理：四电综合管线实现数字化建模、工厂化预制，钢结构构件实现数字化建模，虚拟预拼装，工厂化预制；

（8）施工现场远程验收和管理：远程验收系统和 RFID 技术实现施工现场远程实时监控、验收和管理；

（9）项目管理应用集成：进度管理、合同管理、图档管理、质量安全管理等；

（10）为物业运营提供准确的工程信息：结合远程验收系统和 RFID 技术交付 BIM 竣工模型。

3.2 BIM 施工管理平台协同管理目标

3.2.1 参与方宏观协同机制

在项目管理过程中，BIM 技术对建模的原则、标准、模型精度等问题进行了规定，并对施工过程中的组织管理、质量控制以及安全风险措施进行相应规定。BIM 技术应用下的工程项目参与方协同机制分为如下四个阶段：

第一阶段：规划阶段。该阶段为工程项目建议书和可行性研究报告的撰写阶段，确定 BIM 技术应用目标、应用流程以及应用要点等。

第二阶段：组织阶段。该阶段根据工程项目建设所确定的各参与单位，协商确定各方工作职责。

第三阶段：实施阶段。该阶段在各参与方人员职责划分的基础上实现 BIM 信息的共享和应用。

第四阶段：运行维护阶段。该阶段主要确定项目完工之后的运维工作的主要需求。

通过 BIM 技术分析建设各个阶段所存在的问题，协调各方进行针对性的改进和优化，以此来提高大型项目的管理水平。

3.2.2　参与方微观协同机制

作为信息化资源共享的平台，需要建立 BIM 技术应用下的工程项目参与方微观协同机制，主要组织流程如下：

（1）制定 BIM 技术应用的项目实施章程。在项目正式实施之前，召开大会对项目概况、各参与方负责人、总体协调人等管理人员进行确定，协同建立项目实施章程。

（2）确定 BIM 的应用范围。以书面形式界定各参与方的工作任务，包括需要各方配合的工作、各方的参与周期以及各方的成果等。

（3）组建 BIM 实施的团队，编制实施计划。组建一支 BIM 技术应用的综合团队，此团队包含各参与方的项目人员，并进一步明确人员职责，编制实施计划，建立完善的沟通协调机制。

（4）对实施过程进行跟踪。项目各参与方根据实施计划逐步展开工作，定期向业主方汇报项目进展情况，并进行合理调整。

（5）实施成果的验收。根据项目的全生命周期和验收标准对各参与方的 BIM 技术应用的成果进行验收并形成记录。

（6）项目总结。在 BIM 技术应用结束之后，由业主方对最终成果进行认定评价，对项目实施过程中存在的问题进行总结并提出改进意见，用于指导之后的项目应用。

基于 BIM 技术的协同管理平台，是指将 BIM 技术引入协同管理平台，基于 BIM 技术对项目的各参与方及专业进行统一协调，通过协作配合以及资源共享，以期达到项目计划目标的最终实现。随着 BIM 标准的成熟和应用领域的深入，BIM 技术的介入使原本基于计算机网络的建筑协同管理平台的宽泛概念得以聚焦，使协同管理平台的构建技术基础更为扎实，使协同管理平台的实践运用成为现实。BIM 所构建的管理平台包含项目设计、项目建设和项目运营的全方位管理。协同管理平台中 BIM 技术的介入可实现以下应用：

（1）网络化工作：现代工程协同管理原本便是诞生于计算机网络技术的发展，BIM 协同管理平台是以 BIM 模型为核心，以 BIM 信息交互技术构建出的各专业设计、施工、管理人员的交流平台。BIM 充分发挥了网络信息即时性强、有效传递的优势，可以让使用者围绕在 BIM 的模型上进行工作。设计师可以利用电脑在 BIM 数字模型平台上进行项目模型的构建，施工员可以将现场的实时情况上传到协同管理平台与模型对比，运营人员可以利用 BIM 平台储存的项目各种预案对出现的各种问题进行处理。计算机网络还可以把项目的 BIM 数字模型、信息等上传到指定的储存目录下，使用者能将需要的信息从储存目录中下载下来。

（2）分工与合作：在传统的建筑工程，无论是设计还是施工中，由于不同专业之间的工作进度互相影响，因此原本可以同时进行的工作必须要等待前置工作的完成才可以进行，等待时间较长，效率低下。而通过 BIM 技术的应用，专业化的分工让不同专业的设计师、施工队伍能够同时进行工作，互相交换、确认工程信息，最终提高生产效率。原本的协同管理不仅需要高度强化的团队进行合作，并且不同专业之间的分歧会让团队磨合时间变得更久，而基于 BIM 所建立的信息交互平台，使参与的各方通过 BIM 协同管理平台可以相互交流，便于形成统一意见且快速地反应在建筑物的模型中，施工方也可以有充足的依据按照新的模型进行施工，从而节约大量的讨论成本和时间。

（3）项目的组织与参照：在计算机辅助工具的应用和建筑专业分工的细化下，各专业都向更为专业化的方向在发展，在 BIM 的模型中，建筑专业设计转变为对建筑物模型的构建和参数的编制，根据项目的实际需要，能增强模型与图纸之间的参照关系。这有别于传统的图纸记录的方式，建筑模型直观且准确地表达了设计师的意图，并让施工方有了更清晰的参照依据，减少了不必要的沟通成本，也大大减少了设计变更。在施工过程中还可以通过记录实际工程参数，将建筑项目实际参数与设计参数的对比作为依据来调整项目模型，并记录在 BIM 的现场数据库中。

（4）达到设计标准和要求的统一：在传统的建筑设计中，最终设计成果与最初的设计差别巨大，原因在于传统的设计思路强调个体的设计工作，不同专业之间的标准没有统一，因此往往效果图非常理想，但各专业一进行结合后由于各种设计冲突，最终互相妥协后导致实际效果难以实现设计方的设计初衷，对建设方来讲也是经济上的损失。通过 BIM 协同管理平台的建筑设计可以建立统一的建筑设计标准和设计要求，将不同专业分工合作的成果首先在 BIM 模型上进行耦合，然后在 BIM 协同管理平台中对接整合，结合各专业的优势，足以完整地展现设计者的设计创意。同时 BIM 协同平台的使用能够加快团队的工作效率，减少项目的冗余信息，快速而准确地表达出项目模型的各部分设计以用于各方工作的实施。

3.3　BIM 技术实施的工作内容

3.3.1　BIM 管理工作小组定位、使命、价值和任务

定位：让 BIM 技术成为企业精细化管理和数据支撑的保障。

使命：使 BIM 技术成为企业的核心竞争力。

价值：扩大管控能力和规模，大幅提升企业经济效益，为项目提供强大的技术支撑。

任务：负责企业内部 BIM 技术研究、实践、推广和普及；建立和完善 BIM 技术应用管理办法，其中包括建模标准、审核标准、应用流程、考核奖惩制度等；根据图纸快速创建各专业 BIM 模型；审核 BIM 模型并上传 BIM 管理平台；BIM 管理平台日常维护，包括账号管理、组织架构调整、新建项目、完工项目管理、数据备份等；负责 BIM 建模和应用客户端培训；负责各分公司和 BIM 技术应用的指导和培训；负责各项目 BIM 应用情况监督与检查。

3.3.2　BIM 管理工作小组组织架构

BIM 技术应用与工程项目管理密切相关，同时 BIM 技术也可以作为企业管理平台，为项目部和分公司提供管理服务。分公司是否需要设立 BIM 管理部门，主要根据分公司所在区域、项目数量、集团公司 BIM 管理工作小组人力资源配备的实际情况决定。图 3.1 所示为 BIM 管理工作小组组织架构。

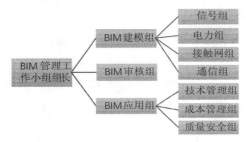

图 3.1　BIM 管理工作小组组织架构

根据情况可以考虑兼任岗位，例如两个人员负责同一专业 BIM 建模工

作；也可以根据情况增加岗位，例如 BIM 管理工作小组组长由公司高层兼任，亦可新增副组长主持具体工作。

3.3.3 BIM 管理工作小组人员要求

（1）人员选拔

在 BIM 管理工作小组成立初期，可以通过内部选拔或者外部招聘等方式来确定前期核心人员，人员数量可以根据项目的初期情况来决定，至少保证每专业 1 人及以上，相关审核和应用人员都可以兼任。过了成立初期后会进入快速扩张期，这时候需要大量人员来负责工程项目中的 BIM 技术应用，这时可通过人员业务培训和外包作业方式来提高建模和审核效率。

具体 BIM 人员要求如下：

① BIM 管理工作小组组长

岗位说明：负责 BIM 管理工作小组日常管理；负责协调公司内部资源；负责部门内部人员选拔和考核；负责 BIM 相关各项制度和管理方案完善；负责对外与 BIM 供应商与服务商沟通与联系。

岗位要求：具备 3 年以上工作经验；具备较好的管理和协调能力；独立负责 2 个以上 BIM 项目实施；具备信息化实施经验者优先考虑；熟练掌握英语（有国外项目的需要）。

②信号 BIM 工程师

岗位说明：信号 BIM 模型创建、审核和维护；现场 BIM 应用指导；现场人员使用培训指导；协调参建各方 BIM 应用；BIM 系统和客户端操作。

岗位要求：具备 1 年以上信号现场施工经验；较好的沟通能力；掌握常用 BIM 建模软件基本 CAD 操作；熟悉当地定额和计算规则；现场信号工优先。

③电力及接触网 BIM 工程师

岗位说明：电力及接触网 BIM 模型创建和维护；电力及接触网施工审核和优化；现场施工指导；现场 BIM 应用指导和培训；BIM 系统和客户端操作。

岗位要求：具备 1 年以上电力及接触网现场施工经验；较好的沟通能力；掌握电力及接触网施工规范；熟悉电脑操作和常用办公软件；现场电力及接触网工优先。

④通信 BIM 工程师

岗位说明：通信专业各设备的 BIM 模型创建和维护；通信专业施工审核

及指导；管线综合优化调整；通信 BIM 技术应用指导和培训；BIM 系统和客户端操作。

岗位要求：具备 1 年以上现场通信安装施工经验；较好的沟通能力；掌握通信专业规范；现场通信工优先。

（2）人员工作职责

① BIM 管理工作小组组长

日常工作：制定 BIM 管理工作小组中长期规划，并负责组织执行；依据 BIM 管理工作小组规划，制定本部门年度计划，付诸实施和检查；优化部门制度及流程，监督日常操作规程以及各项规章制度的落实。

人才管理：落实本部门团队人才梯队建设、主导员工技术培训工作，确保实现梯队人才目标；甄选、获取、培养、激励公司发展所需关键人才，提升员工能力与愿力。

BIM 技术交流、技术支持：积极参与行业内 BIM 技术交流活动，推广公司 BIM 技术应用成果；为各个项目提供 BIM 技术支持服务；配合营销部门招标答疑；为项目施工过程提供 BIM 技术应用指导；对施工准备环节进行图纸会审及外部质安交底。

关键项目质量审核：督导和考核下属员工的模型质量，及纪律性符合有关标准；团队成员技术能力水平与解决问题的能力；BIM 技术体系知识库的完善数量、质量。

对外沟通协调：同集团、政府部门、媒体、社会团体、客户等进行沟通协调，建立和维护良好的社会关系。

企业文化：参与企业文化提炼与宣贯，优化组织氛围，提升企业形象。

② BIM 工程师

日常工作：负责工程项目的建模工作，按照施工要求在特定的时间内完善模型的建立；快速对图纸设计中产生的缺陷进行定位；对现场所需的基础数据进行快速调取，并且将模型中的工程量与预算工程量进行对比，形成报告；负责 BIM 模型维护、修改，针对本专业对相关人员进行技术交底；对创建的 BIM 模型进行审核。

BIM 技术交流、技术支持：协助项目投标，体现公司 BIM 技术能力；积极参与各项 BIM 技术交流活动，认真学习各先进技术；配合中心负责人推广公司 BIM 技术应用成果；配合中心负责人做好企业对外宣传工作，扩大企业影响力；协助技术主管为项目施工过程提供 BIM 技术应用指导。

对外沟通协调：与各相关部门、各个项目进行沟通协调，建立和维护良好的关系。

③ BIM 审核工程师

日常工作：负责工程项目的建模质量审核工作，提供详细的质量审核分析报告；必要时，参与 BIM 模型创建工作；完成上级布置的其他任务。

BIM 技术交流、技术支持：协助项目投标，体现公司 BIM 技术能力；积极参与各项 BIM 技术交流活动，认真学习各先进技术；配合中心负责人推广公司 BIM 技术应用成果；配合中心负责人做好企业对外宣传工作，扩大企业影响力；协助技术主管为项目施工过程提供 BIM 技术应用指导。

对外沟通协调：与各相关部门、各个项目进行沟通协调，建立和维护良好的关系。

④ BIM 综合应用工程师

日常工作：负责 BIM 技术在进度、成本、技术、质量和安全方面的培训；负责 BIM 模型为满足现场应用所需要的调整以及因设计变更引起的模型维护等；负责现场各岗位应用指导和检查；根据项目提供驻场服务和指导；配合项目需要为甲方或主管部门提供讲解和服务。

BIM 技术交流、技术支持：协助项目投标，体现公司 BIM 技术能力；积极参与各项 BIM 技术交流活动，认真学习各先进技术；配合中心负责人推广公司 BIM 技术应用成果；配合中心负责人做好企业对外宣传工作，扩大企业影响力；协助技术主管为项目施工过程提供 BIM 技术应用指导。

对内、对外沟通协调：与 BIM 建模组建立模型交底和接受；对外展示 BIM 应用成果。

⑤ BIM 项目经理

职责要求：配合公司做项目商务合同签订前期工作；组织 BIM 项目技术服务协调会议；实施 BIM 应用指导工作；实施 BIM 应用培训工作；能兼任 BIM 应用组组长职能；对项目上 BIM 工程师进行管理并能足额完成公司下达的目标；对 BIM 应用成果进行管理与总结；公司下派的其他临时任务。

（3）岗位考核晋升体系

留住人才，对于集团 BIM 管理工作小组的发展壮大极为重要。BIM 人才的培养周期相对较长，培养成功后，需要提供更为广阔的发展空间，让其发挥更大的价值。同时为了留住 BIM 人才，让具备工作能力的 BIM 人才安心工作，也为集团的各个项目提供技术保障服务，秉持"进步中晋升"的原则，特制定亦以下晋升目标要求。

表 3.1　岗位考核晋升体系

序号	岗位	职能	专业能力	晋级目标要求
1	BIM 技术员	BIM 模型辅助创建	具备 1 年现场施工经验；备一定预算造价知识；具备熟练的图纸识别能力。	规定时间进度内完成辅助建模工作；实际工程案例的考核；完成上级领导布置的工作任务；通过集团与鲁班联合的 BIM 技术员考试。
2	BIM 助理工程师	BIM 模型创建	具备 BIM 技术员的能力；独立完成过某个专业的 1 个模型的建立；对现场各种常见施工工艺有一定的了解；具有一定的带教能力，可以培养 BIM 技术员。	达到 BIM 技术员要求；编制 2 份以上的培训计划、文档及 ppt；通过集团与鲁班联合的 BIM 助理工程师考试；完成过 1 个项目某个专业的模型建立。
3	BIM 工程师	BIM 模型创建 BIM 模型审核 优秀工程师可担任各专业建模组组长	具备 BIM 助理工程师的能力；具备项目协调、沟通能力；熟悉从投标到竣工验收各流程中的职责；具有较强的写作能力；具备建立施工模型的能力。	达到 BIM 助理工程师要求；熟练掌握鲁班 BIM 系统；集团内部发表 1 篇有关 BIM 的文章；完成过 2 个项目某个专业的模型建立；通过集团与鲁班联合的 BIM 工程师考试。
4	高级 BIM 工程师	BIM 模型审核 BIM 应用指导 优秀工程师可担任各专业审核组组长	具备 BIM 工程师的能力；具备质量审核能力；具有担任多个项目审核组长的能力；具备优秀演讲能力。	达到 BIM 工程师要求；集团内部发表 2 篇有关 BIM 的文章；完成过 5 个项目某个专业的模型建立；通过集团与鲁班联合的高级 BIM 工程师考试。
5	BIM 项目经理	BIM 应用指导 BIM 应用培训 优秀项目经理可担任应用组组长	具备 BIM 高级工程师的能力；具备独立负责项目应用和指导能力；具备 BIM 深入研究和新应用开发能力；具备 BIM 投标配合和讲解能力；具备分包 BIM 整合和规范能力。	达到 BIM 高级工程师要求；集团内部发表 5 篇有关 BIM 的文章；完成 2 个工程项目 BIM 应用指导并获得项目部认可。

3.3.4 BIM 管理工作软硬件要求

（1）BIM 软件要求

涉及工作要求的软件系统与相关角色配置如表 3.2 所示：

表 3.2　应用软件配置

序号	软件列表	相关参与方						
		建设单位	BIM总协调	设计单位	施工单位	设计咨询	监理单位	施工管理平台提供方
1	Autodesk BuildingDssignSuite 2021	●	●	●	●			
2	Autodesk RevitServer2021							●
3	Autodesk Revit2021							●
4	Autodesk AutoCAD2021					●	●	
5	Autodesk NavisworksManage2021					●	●	

（2）BIM 硬件要求

硬件平台部署及技术参数最低要求如表 3.3 所示：

表 3.3　设计平台各参与方硬件部署列表

序号	硬件部署	相关参与方			
		建设单位	BIM 总协调	设计承包商	设计咨询
1	核心服务器（一级平台服务器）	●			
2	二级平台服务器		●	●	○
3	网络存储器	●	●	○	○
4	图形工作站	●	●	●	●
5	移动工作站	●	●	●	●
6	工作台式机	●	●	●	
7	移动设备	○	●	○	

涉及工作要求的硬件系统与相关角色配置如表 3.4 所示：

表 3.4　施工管理平台中各参与方 BIM 技术应用相关硬件部署列表

序号	硬件部署	相关参与方			
		建设单位	平台提供方	施工承包商	施工监理
1	核心服务器（一级平台服务器）	●			
2	二级平台服务器		●	●	●
3	网络存储器	●	●	●	●
4	图形工作站	●	●	●	●
5	移动个人终端	●	○	○	●
6	工作台式机	●	●	●	●
7	移动工作站	○	○	○	○

注：表 3.3、3.4 中"●"表示必备硬件部署，"○"表示可选硬件部署。所配置的硬件设备，必须满足软件运行、通信时效、环境适应等需求

（3）BIM 管理工作平台建立有两种方案

方案一：服务器放置在企业机房，如图 3.2 所示。

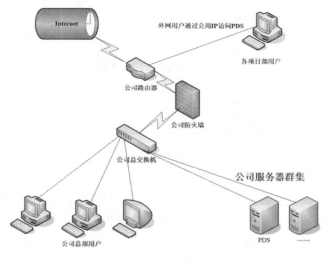

图 3.2　方案一

方案二：服务器放置在第三方托管机房，如图 3.3 所示。

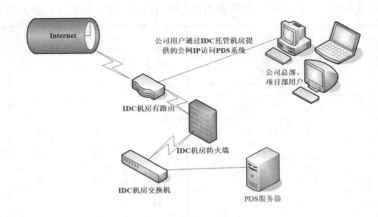

图 3.3　方案二

两种方案对比，见表 3.5。

表 3.5　两种方案对比

序号	费用	优点	缺点
方案一	利用现有机房，仅需服务器费用	●有效提高内部用户访问速度 ●便于服务器管理和调试 ●省去服务器托管费用	●公司网络带宽不够会影响外网用户正常访问 ●不同宽带接入速度会有区别 ●安全性没有方案 B 高
方案二	方案一基础上增加托管费	●有效提高项目部用户访问速度，一般托管至 10MB 光纤以上的机房 ●安全性比较高 ●拓展性大	●每年需要额外支付一笔服务器托管费用 ●服务器调试和维护需要远程操作 ●内网速度优势无法体现

3.3.5　BIM 管理工作小组工作流程

（1）创建 BIM 模型流程

BIM 模型的创建是 BIM 技术应用的前提和基础，如何正确创建一个 BIM 模型，需要建模团队、质量审核团队甚至设计院等单位的相互配合、沟通、协作。以下流程为创建 BIM 模型的基本流程，也可根据企业实际情况做相应调整，具体流程如图 3.4 所示。

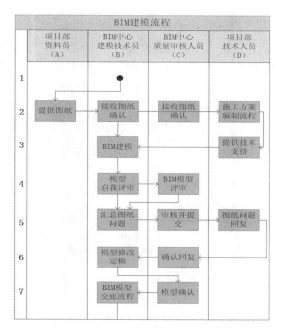

图 3.4　创建 BIM 流程图

（2）BIM 模型交底流程

BIM 模型完成并组织内部评审后、上传实际应用前，需要对模型的整体情况向各参与方进行全面的、可视化的交底，让复杂的空间问题简单化，具体流程如图 3.5 所示。

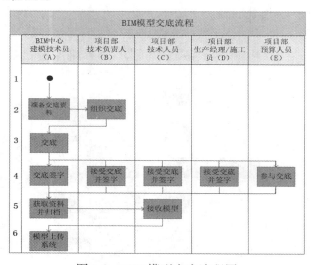

图 3.5　BIM 模型交底流程图

（3）BIM 模型维护流程

工程中不可避免的设计变更，要求 BIM 模型不断修正完善，让模型的使用者在第一时间得到修改后的模型，这样 BIM 模型才能发挥它自己的价值。同时也为变更结算、施工指导、运维资料输入等做好准备工作，具体流程如图 3.6 所示。

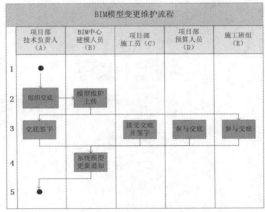

图 3.6　BIM 模型变更维护流程图

（4）碰撞检查与辅助管线综合

各专业 BIM 模型创建审核完成后，对各个专业进行空间碰撞检查，提前发现问题。针对问题，反馈设计部门。按照最新修改的图纸，维护模型，重新碰撞，结合现场实际施工方案，在技术人员的指导下，做管线综合优化，具体流程如图 3.7 所示。

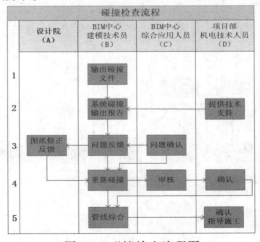

图 3.7　碰撞检查流程图

3.3.6　BIM 管理工作小组建设步骤

（1）BIM 应用方案

BIM 在项目管理中的应用成功与否，相关的 BIM 软件系统是基础，配套的专业人员、管理制度、应用流程等是关键。根据有关调研（如图 3.8），施工企业中有将近 90% 的人员觉得 BIM 的价值非常大，几乎没有人认为 BIM 没有价值。但目前大部分企业都苦于无从下手，或者还处在尝试摸索的阶段，如何成功实施 BIM，成为目前大家普遍关注的问题。

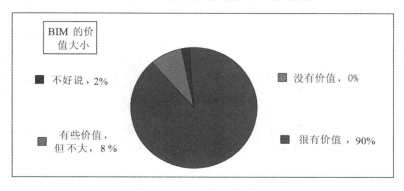

图 3.8　BIM 的价值大小

如果单单通过采购 BIM 软件系统很难真正成功应用，实践中发现软件系统的操作学习相对比较简单，通过一定时间培训，大部分企业员工都会操作。但问题在于如何跟自己的工作相结合，如何利用 BIM 提供的数据进行管理，并且有些应用需要其他岗位来提供基础 BIM 模型和完善 BIM 模型以保证基础数据的准确性和及时性。BIM 应用的过程为"创建""管理"和"共享"。不同的岗位在整个应用过程中承担着不同的角色，使用不同的软件系统，只有每个人整体应用才能发挥出价值。

通过大量成功项目的实施经验总结，制定了 BIM 成功应用路线图（见图 3.9）。当然并不是所有企业按照成功路线图来做就一定能成功，因为这里面还涉及很多客观因素；也不是说企业不按照成功路线图来做一定不能成功，至少在成功路线图的指引下企业知道该如何来做，可以帮助企业提高实施应用的成功率。以下我们将对 BIM 成功应用路线图的每个步骤进行详细讲解。

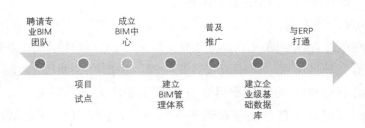

图 3.9　BIM 成功应用路线图

①聘请专业 BIM 团队

随着 BIM 概念的普及以及 BIM 应用案例的增加，企业对 BIM 了解的程度也在相应提升，但这种认识还存在着片面性以及杂乱性。通过短时间的学习，企业通过书籍、培训、观摩等各种途径获得了大量的 BIM 信息，但如何对这些 BIM 信息进行归纳和梳理，结合自己企业形成一套可行性的方案，大多数企业还是一筹莫展。这时候聘请专业 BIM 顾问团队可以使企业少走很多弯路，利用专业 BIM 团队的研究成果，案例经验，结合企业自身的情况，制定 BIM 应用短期和长期计划。

专业 BIM 团队可以帮助企业进行 BIM 应用规划、BIM 项目试点标杆树立、BIM 基础培训、培养 BIM 人才、建立企业 BIM 应用体系、解决过程中 BIM 疑问、对 BIM 应用过程纠偏等等。图 3.10 为 BIM 顾问团队应用架构。

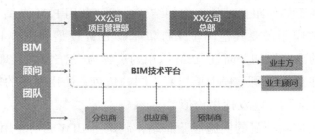

图 3.10　BIM 顾问团队应用架构

②项目试点

根据有关调查显示，目前施工企业在尝试项目中应用 BIM 技术和准备一年内开始尝试项目使用 BIM 技术的占到了 76%（见图 3.11）。说明施工企业已经有这个意识，开始在项目中试点 BIM 技术，但合理科学的 BIM 技术宣传也是后续能否在企业中开花落地的关键。

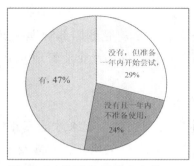

图 3.11　是否在项目中实施 BIM

企业 BIM 应用过程中切忌完美主义。过分追求 BIM 技术的细枝末节，考虑应用的方方面面，一定要有百分之百的把握才去行动，结果往往会是原地踏步。BIM 作为一项新技术，其发展和成熟会有一个过程，现阶段 BIM 肯定还存在一定缺陷，例如，设计、施工、运维三个阶段 BIM 应用相对独立，各专业 BIM 模型接口还不完善，等等。但是我们要看到目前 BIM 能为企业解决的问题价值已经非常大，抓住机遇利用 BIM 技术现有价值帮助企业提升效益才是最重要的。

BIM 应用最佳的切入点还是通过项目的实际应用，在应用过程中培养自己的 BIM 团队，掌握和熟悉 BIM 技术，建立合适企业的 BIM 管理体系。通过试点项目在企业内形成标杆，消除企业员工的疑惑和抵触，坚定技术推广的决心和信心。对于试点项目的选择需要遵循几个原则：

一是项目越早启动 BIM 效果越好，BIM 的价值在于事前，对于已经施工的部分，BIM 价值就很难发挥出来。另外，在正式施工前做好各项基础准备工作，有利于 BIM 团队和项目管理人员的磨合。

二是项目体量和难度需达到一定规模，BIM 在体量越大和难度越大的项目中价值体现越明显，普通的项目管理相对简单和轻松，即使 BIM 成功应用也很难起到标杆价值。例如住宅项目，难度很小，类似工程大家做了很多，已经驾轻就熟，很多施工工艺和复杂节点在住宅项目上也很难体现。在大型复杂项目上，管理人员在施工管理中会有力不从心的感觉，他们对 BIM 学习和配合的热情度也会更高。

③成立 BIM 管理工作小组

在试点项目的过程中可以根据企业情况建立 BIM 项目组，由项目部和总部管理人员组成，并且增加企业需要培养的 BIM 人才，通过项目试点过程中对人员进行培训，并以这部分人员为班底成立企业 BIM 管理工作小组。

BIM 管理工作小组的成立价值在于建立企业级基础数据库，形成基于 BIM 模型的协同和共享平台，解决企业内部管理系统缺少基础数据的困境，为企业各职能部门的管理提供支撑，让企业管理人员可以准确且快速获得项目关键数据。

④建立 BIM 管理体系

BIM 技术只有跟企业管理相结合起来才能真正应用，并且发挥巨大价值。BIM 的应用不是简单工具软件的操作，它涉及企业各部门、各岗位，涉及公司管理的流程，涉及人才梯队的培养和考核，它需要配套制度的保障，需要软硬件环境的支持。因此企业引入 BIM，不是采购几套软件完事了，而是通过聘请专业 BIM 团队，开展 BIM 项目试点，以企业 BIM 管理工作小组为基础，结合企业自身情况，建立适合企业的 BIM 管理体系。

BIM 体系需要包括的内容：企业 BIM 应用总体框架（地位、价值、目标等）；BIM 相关岗位工作手册；BIM 应用与岗位的培训和考核；BIM 应用嵌入公司各管理流程（材料采购流程、成本控制流程等）；各专业 BIM 建模和审核标准；BIM 模型维护标准；BIM 应用注意事项；BIM 应用软硬件要求和操作说明。

⑤普及推广

BIM 技术应用在企业普及应用有个过程，从单个项目的试点到所有新签项目试点或部分项目试点，最后扩展到所有项目。普及推广的过程中肯定会遇到不理解、抵触和反对的情况，所以之前的项目试点、BIM 管理工作小组的建立以及 BIM 管理体系的建立将起到至关重要的作用，意味着告诉企业所有人员 BIM 应用是有价值而且已经应用成功，这样无形中减少很多阻力。普及推广的过程中，前期需要制定详细的推广方案，并且重点抓推广过程中的培训以及考评。

⑥建立企业级基础数据库

基础数据库旨在解决市场与现场的对接、生产与成本的融合、计划体系的建立和实物量的控制。这是企业信息化建设的四大亟待解决的问题，做好这些工作的根本就是数据源头和数据创建标准的问题。目前，企业内部管理系统在企业内部的应用比较普及，不过仍需深化信息化管理的程度。因为现阶段的项目基础数据大多仍依靠人工处理，这就导致数据的及时性、对应性、准确性、可追溯性差等问题。真正要解决这些问题，企业须建立自己的基础数据库，这些数据库中最主要的就是 BIM 数据库以及和 BIM 配套的数据库，例如标准构件库、企业定额库、指标库、价格库等，将这些数据库储存在企业服务器中，和企业管理系统互联互通，形成信息一体化管理模式。图 3.12 为企业基础数据库拓扑图。

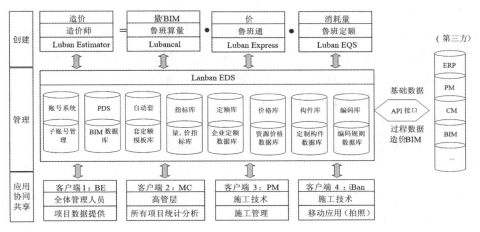

图 3.12　企业基础数据库拓扑图

⑦与 ERP 打通

从调研情况来看，大家最期待的还是 BIM 今后能与项目管理软件有效集成，占到了 83.1%。企业信息化管理系统是一个有机融合的整体，而 BIM 技术应用作为工程项目建设过程中的一个重要环节，与项目管理软件（ERP）互通是大趋势。

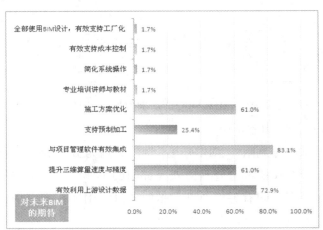

图 3.13　对未来 BIM 的期待

BIM 应用的最终目标就是企业内部 BIM 技术应用成功后与企业 ERP 等

管理系统构建数据接口，形成企业内部的协同管理。例如，材料管理过程先通过 BIM 模型计算工程量，然后根据当地定额或者企业定额来分析出工程项目所需要的材料计划量，再把材料计划量导入到 ERP 系统中进行管理，可以根据 ERP 系统要求对材料计划量按单体工程，或者单层，或者单个施工段等进行细分，确保施工用料的合理科学。项目过程中还可以对已经完成的工作，按节点对材料进行审核，通过调取基础数据和原来的计划进行对比分析，从而找出材料控制中的问题，采取针对性措施进行改进。

根据目前市场 BIM 与 ERP 对接情况来看，需要对接的具体数据分为企业级数据和项目级数据。

企业级数据：分部分项工程量清单库、定额库、资源库、计划成本类型等数据。

项目级数据：项目信息、项目 WBS、项目 CBS、单位工程、业务数据。具体数据对应关系如图 3.14 所示：

图 3.14　基于 BIM 的造价基础数据与 ERP 系统对接

（2）BIM 应用阻力和风险

任何变革都会碰到阻力，BIM 也不例外。因为 BIM 是一门新技术，在某种程度上会改变企业的部分管理方式、部门的工作流程、岗位的职责等，会有部分员工在新事物前有恐惧心理和抵触心理。BIM 技术应用过程中会遇到如下困难，必须做好面对阻力的决心和信心。

①领导重视不够

我们一直都说 BIM 在企业中的应用一定是"一把手工程"，BIM 应用在前期需要一定的投入，并且需要应用的魄力，只有公司一把手才能推动 BIM 的应用。例如前期实施需要采用先"固化"再"优化"的实施策略，先学习少提问题，等学会后再针对企业情况做优化调整，因此在前期有反对意见的时候需要力排众议。从调研情况来看，企业缺乏相关人才、工作方式和流程的改变都需要企业领导推动，包括面对下面人员的质疑声和反对声，领导能否进行分析判断，坚持自己的主见成为了 BIM 成功应用的关键。

②中层阻力未能解决好

企业中层作为公司承上启下的关键，他们的阻力能否有效地被解决是成功的关键。企业中层管理人员一方面需要落实企业领导的意图，另一方面要把企业领导的想法有效地和基层员工进行沟通，同时还要及时反馈基层的 BIM 技术应用和实施情况。

③未找到好的 BIM 解决方案

俗话说"外来和尚好念经"，很多企业都觉得国外的技术一定是最好的，正是因为有这种心理，导致很多企业对于推广和发展 BIM 技术一直处于"瓶颈期"。其实，BIM 技术在国内已有很多成功的应用案例，具有鲜明的特色，企业需要根据本公司实际情况，找到适合自己发展的 BIM 应用解决方案。

④未找到好的实施方式

选择好的 BIM 解决方案只是开始，如何实施应用才是关键。前面介绍了 BIM 技术的成功实施路线图，这也仅是一个框架的实施方案，还需要根据企业情况进行调研沟通，制定详细的实施方案，才能保证 BIM 技术落地。

⑤期望过高

目前国内企业对 BIM 的态度大致呈现两种极端态度，一种是极度悲观，认为 BIM 目前只是一个概念，虚的内容比较多，没有办法实际应用，这种情况通常是前期实施失败，或者是身边有企业实施不成功引起的。另外一种极度乐观，认为企业目前存在很多问题，依靠 BIM 都能解决，这种情况是企业刚接触 BIM，良莠不齐的宣传和介绍听得太多，造成了企业盲目乐观。其实我们应该正确去认识，BIM 还在完善的过程中，目前已经有一些很好的应用，对企业可以产生较大价值，但还不能完全解决企业所有问题，有些是需要 BIM 和企业管理相结合，有些是需要 BIM 软件系统再完善。图 3.15 和图 3.16 是分别对已经实施 BIM 和未实施 BIM 的企业调查，其实调查情况并不一定可以反映所有真实情况，但可以反映出接触过 BIM 的人员和未接触过 BIM

的人员对待 BIM 的不同心态。图 3.16 中未实施 BIM 的企业认为最大的障碍是对软件、系统的不成熟，这恰恰说明大家对新技术有本能的抵触心理，或者是完美主义的心态在起作用，认为一定要等完全成熟或普遍应用验证可行性后才认同，但这时候已经失去了最佳的机会。在对已经实施 BIM 的企业调查中，大家认为 BIM 的最大障碍就是"缺乏复合型信息化专业人才"，人的问题直接影响到了企业的整体应用和推广，因此前面提到成功应用的关键路线就是"复制"和"转移"，引入高水平的顾问和实施团队后，最重要的是通过项目培养自己的 BIM 团队。另外，存在的问题需要高层领导足够重视，也需要中层在执行的过程中与高层步调一致。

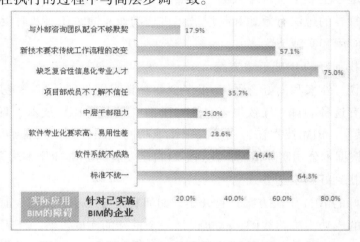

图 3.15　实际应用 BIM 的障碍（已实施 BIM 企业）

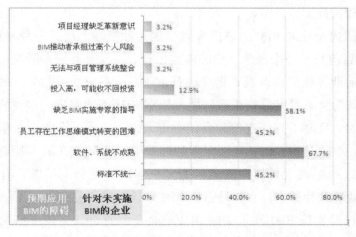

图 3.16　预期应用 BIM 的障碍（未实施 BIM 企业）

（3）BIM 应用风险对策

①高层推动

企业高层要推动相关技术落地应用，应做到：组建本公司 BIM 项目组成员；聘请专业 BIM 团队；定期听取 BIM 项目小组成员汇报；做好前期引导工作，组织管理层人员进行培训和学习。

②加强培训

基础岗位人员从了解到熟悉，再到熟练掌握一个建模软件需要一定时间。企业首先可以阐述信息化的价值，表明公司的决心，配套相关的行政命令，制定详细培训计划，并配套相应的考核制度；其次，可以通过做好前期沟通和引导，让企业人员明晰信息化管理的意义以及对自己工作的帮助；最后，让意识好、接受程度快的人先在工程项目中用起来，树立标杆，带动其他人一起进步。

③选择合作对象

科学分析企业需求，进而选择合适的 BIM 软件供应商和服务商；通过项目考察来检验应用成果；通过项目试点，把失败风险控制在比较小的范围内；制定详细的实施计划，分步实施、分步考核。

④必须按正常渠道反馈实施中出现的问题

按照项目实施的控制流程，遇到问题应逐级向上反映，切忌遇到问题不按正常渠道反映，从而打乱项目组的工作计划，影响项目组成员的工作情绪。

3.3.7　BIM 建模标准

（1）目的

规范各专业建模标准，提高建模效率；方便内部、外部的质量检查，提高建模质量。

（2）总体说明

BIM 建模标准按专业目前分为：电力、接触网、通信、信号，其他专业可在日后实践中补充。各专业标准应满足：

构件命名标准：规范构件命名要求，便于模型的检查。

构件属性定义标准：规范定义构件各种属性要求，与图纸相对应，符合软件要求。

构件布置标准：按照软件标准要求绘制各种构件，达到计算准确的目的。

其中各标准中有详细内容及用例说明，用例以文字和图片形式表达。

绘制图形的总原则：能够用图形法布置的，使用图形法。

（3）一般规定

各专业应按照国家铁路工程最新规范开展三维设计。

三维设计应满足模块化建设相关文件中关于标准化、装配式、智能化、工业化、通用互换、造价合理等方面的总体要求。

三维设计应统一建模标准，统一输入输出格式。采用统一坐标原点、度量单位、建模要求、层级划分、配色原则和属性定义。

三维设计成果应采用统一的地理坐标系统、高程基准和数据格式，地理坐标系统采用 2000 国家大地坐标系（CGCS2000），高程采用 1985 国家高程基准，数据格式应满足 CHT 9015-2012、CHT 9016-2012、CHT 9017-2012 的相关要求。

初步设计、施工图设计阶段应从各专业三维设计模型中提取工程量，并通过辅助工具录入未建模的设备、设施及材料的工程量，完成自动统计。

三维设计应包含基于逻辑模型、物理模型的各类分析计算。

制造厂家提供的产品模型和制造模型应满足工程三维设计需要。

3.3.8 质量控制流程

BIM 模型质量的高低，对 BIM 应用、共享、协同管理的效果，有着决定性的影响。构件几何尺寸、标高的定义影响工程量数据的准确；空间位置、结构标高的定义影响配置检查的结果等。因此，必须要确保 BIM 模型的精准度，使误差控制到允许的范围内。

质量控制点就是施工现场在一定的时期与条件下，对需要重点控制的质量特性、关键部位或薄弱环节等采取特殊的管理措施和方法，使工序处于良好可控的状态，以保证达到工程施工质量要求。图 3.17 为 BIM 模型对关键质量控制点的管理流程：

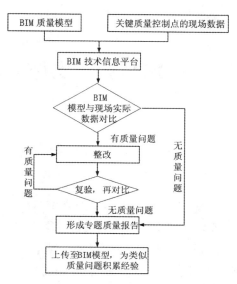

图 3.17　BIM 模型对关键质量控制点的管理流程

　　由上述流程可以看出：通过将 BIM 质量模型与关键质量控制点的现场数据集成到 BIM 技术信息平台进行比对，如果没有发现质量问题，便形成专题质量报告，并上传至 BIM 模型，为类似质量问题积累经验；若发现质量问题，则对产生的原因进行分析与整改，再复验与对比，直到达到质量要求。

第4章 BIM 技术实施方案

4.1 方案概要

BIM 应用通过开发基于 BIM 的项目管理平台(包括但不限于设计管理、施工管理、运维信息查询及办公自动化系统),建立 BIM 应用实施整体架构体系,组织专业团队,搭建各项软硬件设施,满足各参与方自施工图设计(包括勘察)至数字化移交全过程项目管理的应用需求,更好地开展项目管理,达到项目设定的安全、质量、工期、投资等各项管理目标。同时以项目为试点,建立企业 BIM 中心,组建优秀 BIM 团队,建立配套的管理体系,包括BIM 标准、流程、制度、架构、竞争体系等。

BIM 技术实施方案主要由参建各方及各参与方共同协商制定,主要内容包括设立组织机构、工作任务和软硬件配置等内容,旨在工程项目中优化过程管理,提高工作效率,提升项目品质。

4.2 实施方案

BIM 技术应用的实施方案包含以下几部分内容。

4.2.1 建立组织机构

根据招标文件要求,公司结合项目实际情况,从公司 BIM 团队抽调具备丰富的 BIM 技术运用技能和实战经验的骨干成员组成项目 BIM 工作小组,由其中一人担任 BIM 技术负责人,由项目技术负责人担任 BIM 总负责人,组织和领导 BIM 工作小组日常工作,并配备各专业技术员配合 BIM 工作小组日常工作,如图 4.1 所示。

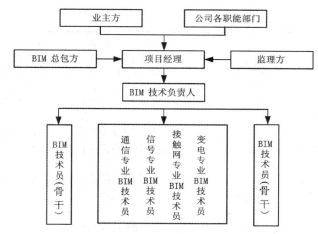

图 4.1　BIM 组织结构图

4.2.2　工作任务分工

根据项目工程应用情况，BIM 小组的工作任务及职责作如表 4.1 所示:

表 4.1　工作任务及职责

工作人员	工作任务及职责
BIM 技术 负责人	负责应用 BIM 技术对建设项目进行施工管理的全面领导工作; 负责制定本工程 BIM 应用的任务计划，组建任务团队，明确职能分工; 负责组织相关 BIM 技术人员熟悉了解本工程的合同、各专业图纸和技术要求; 根据本工程实际情况，组织制定切实可行的深化设计方案; 参与业主、监理、BIM 总包等单位的讨论、协调会议; 组织项目部管理人员、BIM 任务团队对本工程的 BIM 方案进行评审，确定具体实施方案; 按照《BIM 技术应用标准和流程》、评审确定的方案组织 BIM 任务团队建立和优化本工程的各专业模型; BIM 技术应用跟踪总结管理，组织编制工程竣工总结报告。
BIM 技术 员（骨干）	协助项目 BIM 技术经理的日常管理工作; 熟悉了解本工程的合同、各专业图纸和技术要求; 根据本工程实际情况，参与制定切实可行的深化设计方案; 参与本工程的深化设计前的方案评审及模型交付前对模型的综合评审; 负责本工程施工方案深化建模、施工方案比选评审、编制相关技术文件等工作; 根据模型交付前的综合评审意见和建议，组织对工程模型图纸进行修改，并组织将修改后的 BIM 模型按照需要分专业转换成平面图、立面图和剖面图等用于指导施工的图纸; 负责组织办理图纸移交和技术交底。对本工程建设的全过程进行跟踪，对 BIM 模型进行同步维护，对施工过程中出现的变更及时做出更新处理，始终保持 BIM 模型为最新版本。

工作人员	工作任务及职责
各专业 BIM 技术员	负责对本工程建设的全过程进行跟踪，并对 BIM 模型进行同步维护； 及时将图纸交相关方签字确认，并负责进行样板段、样板间施工技术交底； 根据签字确认的图纸，与项目部管理人员一同指导班组对样板段、样板间进行施工； 样板段、样板间通过验收，负责将图纸分发给施工班组（有旧版图纸则应及时收回），同时做好施工技术交底，指导施工人员按图、按样板段、样板间施工； 对施工过程中出现的变更，应及时报 BIM 技术负责人批准，批准后及时对模型和施工图做出更新处理； 始终保持 BIM 模型为最新版本； 始终保持项目管理人员和班组手上的施工图纸为最新版本； 每天须到施工现场实地查看了解施工作业情况，收集各方意见和建议；对不符合 BIM 应用的施工应予以记录，并及时与现场管理人员沟通，找出原因和解决办法； 撰写 BIM 技术日志，记录每天施工的进展情况，相关各方对图纸的讨论、意见和建议，图纸的变更、更新、发放、回收等有关情况。

4.2.3　软件配置

公司及 BIM 团队应配备相应的软件以满足日常工作需要，建议软件配置如表4.2所示。

表 4.2　BIM 软件配置

软件名称	功能及用途	版本
Revit	BIM 模型数据读取、深化设计建模，数据导出等	2021
Navisworks Manage	BIM 模型查看及施工过程模拟、方案实施模拟、施工进度管理、质量安全管理、资源配置管理等	2021
Civil 3D	地形模拟，道路建模等	2021
CAD	平面图形查看与设计、绘制	2021
PKPM 施工系列软件	专项施工方案文本的编制	2021
Microsoft office Project	编制施工进度计划，配合 Navisworks Manage 实现施工 4D 模拟	2021
Word	文本文档的编辑与整理	2021
Excel	表格的编辑与整理	2021
PowerPoint	幻灯片制作与运用	2021

软件名称	功能及用途	版本
Photoshop	图片的处理与编辑	CS6
3ds Max	图片的渲染与效果模型的制作	2021
Adobe After Effects	视频文件的编辑、整理以及渲染	2021

4.2.4　基于 BIM 的施工方案及技术措施评审

与传统的施工方案编制及技术措施选取相比较，基于 BIM 的施工方案编制与技术措施选取的优点主要体现在它的可视性和可模拟性两个方面。通过 BIM 模型，不仅可以对建筑的结构构件及组成进行 360° 的全方位观察和对构件的具体属性进行快速提取，还可以将施工方案与进度计划结合，在 Navisworks Manage 中进行施工过程模拟，直接将具体的施工方案以动画的形式予以展示，方便施工技术人员直接看出方案可行与否，实施过程中会出现哪些情况，实施的具体工艺流程，方案是否可优化，从而保证在方案实施前排除障碍，做到防患于未然，避免盲目施工、惯性施工等可能遇到的突发事件，减少返工造成的材料浪费。

4.2.5　基于 BIM 的质量管理

利用 BIM 技术将质量管理从组织架构到具体工作分配，从单位工程到检验批逐层分解、层层落实。具体实施流程如下：

（1）施工图会审

项目施工的主要依据是施工设计图纸，施工图会审则是解决施工图纸设计本身所存在问题的有效方法，在传统的施工图会审的基础上，结合 BIM 总包所建立的本工程 BIM 模型，对照施工设计图，相互排查，若发现施工图纸所表述的设计意图与 BIM 模型不相符合，则重点检查 BIM 模型的搭建是否正确；在确保 BIM 模型是完全按照施工设计图纸搭建的基础上，运用 Revit 运行碰撞检查，找出各个专业之间以及专业内部之间设计上发生冲突的构件，同样采用 3D 模型配以文字说明的方式提出设计修改意见和建议。

（2）技术交底

利用 BIM 模型庞大的信息数据库，不仅可以快速地提取每一个构件的详细属性，让参与施工的所有人员从根本上了解每一个构件的性质、功能和所发挥的作用，还可以结合施工方案和进度计划，生成 4D 施工模拟，组织参与施工的所有管理人员和作业人员，采用多媒体可视化交底的方式，对施工过程的每一个环节进行详细地讲解，确保参与施工的人员对施工过程有清晰的认知。

（3）材料质量管理

材料的质量直接关系到建筑的质量，把好材料质量关是保证施工质量的必要措施和有效措施，利用 BIM 模型快速提取构件基本属性的优点，将进场材料的各项参数整理汇总，并与进场材料进行一一比对，保证进场的材料与设计相吻合，检查材料的产品合格证、出厂报告、质量检测报告等相关材料是否符合要求，并将其扫描成图片附给 BIM 模型中与材料使用部位相对于的构件。

（4）设计变更管理

在施工过程中，若发生设计变更，应立即作出相关响应，修改原来的 BIM 模型并进行检查，针对修改后的内容重新制定相关施工实施方案并执行报批程序，同时为后面的工程量变更以及运营维护等相关工作打下基础。

（5）施工过程跟踪

在施工过程中，施工员应当对各道工序进行实时跟踪检查，若不符合施工要求，立即查找原因，制定整改措施和整改要求，签发整改通知单并跟踪落实，将整个跟踪检查、问题整改的过程采用拍摄照片的方式予以记录并将照片等资料反馈给项目 BIM 工作小组，由 BIM 工作小组将问题出现的原因、责任主体 / 责任人、整改要求、整改情况、检查验收人员等信息整理并附给 BIM 模型中相应构件或部位。

（6）检查验收

在施工过程中，实行检查验收制度，从检验批到分项工程，从分项工程到分部工程，从分部工程到单位工程，再从单位工程到单项工程，直至整个项目的每一个施工过程都必须严格按照相关要求和标准进行检查验收，利用 BIM 庞大的信息数据库，将这一看似纷繁复杂，任务众多的工作具体分解、层层落实，将 BIM 模型和其相对应的规范及技术标准相关联，简化传统检查验收中需要带上施工图纸、规范及技术标准等诸多资料的步骤，仅仅带上移动设备即可进行精准的检查验收工作，轻松地将检查验收过程及结果予以记录存档，大大地提高了工作质量和效率，减轻了工作负担。

（7）成品保护

成品保护对施工质量控制同样起着至关重要的作用，每一道工序结束后，都应该采取有效的成品保护措施，对已经完成的部分进行保护，确保其不会被下一道工序或其他施工活动所破坏或污染。利用 BIM 模型，分析可能受到下一道工序或其他施工活动破坏或污染的部位，对其制定切实有效的保护措施并实施，保证成品的完好。

4.2.6　基于 BIM 的安全管理

BIM 模型中集成了所有建筑构件信息、施工方案信息及建筑本身信息，作为一个相对静态的基础数据库，为施工过程中危险源识别提供了全面而详尽的管理平台。而施工方案配合进度计划则形成了一个相对动态的基础信息库，通过对施工过程的模拟，找出施工过程中的危险区域、施工空间冲突等安全隐患，提前制定相应安全措施，从最大程度上消除安全隐患，保障施工人员的人身财产安全，确保安全施工。安全管理的主要流程如下：

（1）危险源识别

建立以 BIM 模型为基础的危险源识别体系，按照《重大危险源辨识标准》的相关规定，找出施工过程中的所有危险源并进行标识。

（2）危险区域划分

将所有危险源按照损失量和发生几率划分为四个风险区（风险区 A，风险区 B，风险区 C，风险区 D），并依次采用红，橙，黄，绿四种颜色予以标出，在施工现场醒目的位置张贴予以告示。

（3）安全可视化交底

施工作业前，不仅要对施工管理人员和施工作业人员进行技术交底，还要对参与施工的所有人员进行安全交底，同样利用 BIM 模型，分析施工过程中的各个危险因素，采用多媒体进行详细地讲解，让施工人员，尤其是施工作业人员了解危险因素的存在部位，掌握防范措施，从而保证每一个施工人员的人身财产安全。

（4）安全管控

按照危险区的划分，对不同安全风险区制定相应等级的防控措施，尤其是针对损失量大、发生几率高的风险区 A 和发生几率虽然不大但一旦发生则会造成很大损失的风险区 B 这两种风险类型，不仅要制定有针对性的措施和应急预案，还要组织相关人员进行应急演练，确保类似安全事故尽量不发生，即使发生，也要把损失降到最低。在日常施工生产过程中，也要严格按照安全风险区的划分，有针对性地重点检查相关施工过程和施工部位，并做到绝不漏掉任何一个可能造成安全事故的隐患。

4.2.7 基于 BIM 的环境管理

建筑施工过程中不可避免会产生很多固体废弃物、废水、有毒有害气体以及扬尘、噪声等，将 BIM 模型和 Google Earth 结合起来，分析施工现场所处的地理环境和周边情况，采取相应措施，减少或排除污染，同时利用 BIM 模型的信息平台，分解出会造成环境污染的相关工序工作，统一进行管控，实现绿色施工。针对不同需要处理的废料，可采取如下措施：

（1）对于固体废弃物，采取分类堆放，将能回收利用的和不能再利用的分开，不能利用的按照相关规范和相关部门规定，在指定地点有组织地采取填埋等方式予以处理；

（2）对于废水，则在施工现场设置三级沉淀池和废水处理池，经处理和沉淀并检测符合相关规定后再排入市政排水管网；

（3）在施工过程中，将产生有毒有害气体的工作集中在一个地方进行，并采取足够的通风等措施，保障施工人员的安全；

（4）对于施工过程中容易产生扬尘的施工环节，采取洒水、覆盖、隔离等措施，减少扬尘的产生，尤其是对于洁净室的施工，采取分区隔离封闭的措施保证施工过程达到洁净度的要求，从而保证洁净室的洁净度达到相关要求；

（5）对于施工中产生较大噪声污染的工作，则采取统一部署，避开中午和晚上等容易干扰人休息的时间。

4.2.8 基于 BIM 的进度管理

（1）进度计划可视化

无论是项目的施工总进度计划还是具体到每一天的施工进度计划，都可以通过 Project 编制或者直接在 Navisworks Manage 中直接编制进度计划，通过 Time Liner 将进度计划附加给模型中的各个构件进行 4D 施工模拟，清晰直观地了解各个时间节点完成的工程量和达到的效果，方便项目各参与方随时了解项目的施工进展情况。

（2）施工过程跟踪，精细对比及偏差预警

在 Time Liner 中将人、料、机消耗量以及资金计划等附加给相应施工任务，在施工过程中，将实际施工进度和实际发生的资源消耗对应录入生成5D 动画，Time Liner 将自动进行精细化对比并显示结果，若实际进度发生偏差（包括进度滞后和进度提前），Time Liner 将根据发生偏差的部位和发生偏差的原因自动提出警示，方便管理人员根据警示有针对性地制定切实可行的纠偏措施。

（3）纠偏措施模拟

根据 Time Liner 提出的进度偏差警示，针对发生偏差的原因采取相应的组织、管理、技术、经济等纠偏措施，但所制定的措施是否切实可行，是否能达到预期目标，通过 Time Liner 模拟功能进行纠偏措施预演，直接分析纠偏措施的可行性和预期效果，避免措施不力达不到预期结果和措施过当造成浪费。

4.2.9　基于 BIM 的资源配置管理

在施工过程中，工程量计算、人料机管理、费用管理等都需要一个庞大的数据库作支撑。BIM 模型最大的特点就是将工程项目的所有信息集成在一套完整的模型中，并能够很好地兼容其他软件系统，为工程建设提供强大的数据支撑和信息保障。

（1）工程量计算

①利用 Revit 中"明细表/数量"工具或 Navisworks Manage 中"Quantification"工具，能够快速、准确、精细地计算并提取所选定施工任务的各项工程量信息，并以表格的形式输出，大大减轻了工程量计算的负担，方便工程量按照不同要求进行统计汇总与整理。

②在施工过程中，将实际施工过程中的消耗量录入到 BIM 模型中，并以日、周、旬、月、季度、半年、年等不同单位时间生成相应报表，方便各个管理部门进行统计和对比，掌握项目的实际进度等情况。

（2）人料机管理

结合项目进度计划与工程量等相关信息，制定人力、材料、机械的需求量计划并组织落实，使施工过程中的劳动力和管理人员在满足需要的同时不出现冗余；使材料的采购数量和供应时间恰到好处，减少库存数量从而减少材料保管费用和资金积压，避免因材料短缺造成误工的现象，执行限额领料，减少材料损耗和浪费；使施工机具的配置刚好满足施工需要，调配使用有序，避免因闲置而造成浪费。

（3）费用管理

将各种材料的合同单价相应录入到 BIM 模型中，以分项工程为单位，将分部工程所消耗的人工工日和机械台班数量按照定额消耗量、计划消耗量、实际发生量、同类施工社会平均消耗量等分别录入并进行统计比较，找出其中的差别，对于费用结余的，找到产生结余的原因以作为降低施工成本的有效方法；对于费用超支的，找到产生超支的原因，分析并制定措施以控制施工成本在合理的范围内。在下一期施工任务开始前，可根据上一期或上几期的各项统计，准确地制定资金使用计划，降低资金使用费用。

在每个月的产值报表中，将附有各种材料价格和消耗量的 BIM 模型作为电子附件一并报于业主，这样不仅方便业主审核实际施工产值，更有利于业主方进行投资控制等相关工作。

4.2.10 基于 BIM 的施工过程管理

（1）土方平衡 BIM 应用

在复杂地形的环境下，对自然地形的模拟是否准确关系到场地设计和土方工程计算，是土方工程的关键。

在科技高速发展的今天，数据采集方式发生改变，采集精度不断提高，伴随着 GPS 航拍新技术和 BIM 技术等新技术的出现，可以建立原地形的三维模型，实现对场地平整土方调配方案三维模拟，有利于改造者对地形改造的结果进行全面的理解，精准测量下的土方量网格计算法能够快速准确地从相互对照的三维模型上获得计算所需的数据，从而使得计算过程得到很大的简化，同时又能保证计算结果的准确性。

针对复杂地形的大体量土方工程，专业技术人员通过基于 GPS 的航拍技术实时动态测量技术（RTK），航拍后期处理技术（TBC），点云数据处理技术，数字高程模型（DEM）结合网格法计算（在 BIM 软件中建模计算，如 Revit），综合整理、归纳各类数据，专业咨询团队结合 BIM 技术进行土方平衡调配三维模拟，将提供一整套的包括土方计算的土方平衡前期方案。

（2）基础施工

因为基础起着承载建筑所有重量并将其传递给地基的重要作用，在基础施工过程中，测量定位的准确性至关重要。根据施工设计图纸，在 BIM 模型中提取轴线等相关信息，并根据需要，作出相应控制线作为施工放线及基础定位检查的依据。

（3）交互式虚拟现实应用

应用 BIM 模型、VR 设备、数字化展示配套设备等，在施工阶段利用交互式虚拟现实技术向业主和参与方及时展示设计成果，组织各相关单位进行三维环境下的可视化协调,同时对项目进行必要的宣传和推广。

制作漫游动画作为可视化汇报资料,预计将包括:

①项目整体漫游鸟瞰动画(主要包括建筑物、基地内道路、主出入口)。

②独立单体漫游动画(主要为建筑整体外观,入口至主要公共区域,地下室主要区域,设备管线复杂区域)。

③主要功能区域漫游动画(精装部分效果展示)。

借助各类展示设备,BIM 咨询单位可根据模型提供各类虚拟现实互动的展示文件,并指导业主及代建单位项目管理团队应用设备开展交互式虚拟现实互动及应用。

(4)深化设计专项管理

在深化设计专项管理中,应重点考虑四电专业专项深化设计管理,由 BIM 咨询统筹和指导总包单位综合管控各专业分包单位深化设计工作的开展,做好基于 BIM 模型和数字化手段的深化设计质量把控、各专业工程量清单统计、材料信息统计与模型录入以及应用 3D 扫描技术的现场定位。在深化设计过程中利用项目管理平台进行深化设计的协调、审批以及图纸验收和归档工作,充分利用 BIM 模型的可视化特点和平台的数字化特点,全面开展深化设计专项管理。

四电深化设计专项管理工作的具体应用点及对应工作内容表 4.3 所示。

表 4.3　基于 BIM 的四电管线深化设计应用点

应用点	主要工作内容
土建"孔洞预留"审查与优化	对结构、四电模型(模型深度 LOD 250)检查、校对; 对整合建筑结构四电模型,创建预留洞口检查、校对; 依据现有整合后的模型,检查施工是否与模型一致; 提供合理化建议; 为施工组织协调管理提供参考依据(可视化三维模型、图片等)。
管线综合	检查管线是否经过优化,对管线、设备进行综合排布,使管线、设备整体布局有序、合理、美观,最大程度地提高和满足建筑使用空间; 协调组织各方,使 BIM 工作顺利实施。
四电安装施工进度模拟	检查 4D 施工进度模拟动画主要控制点,施工工序是否合理; 分析各专业施工进度、场地布置合理性; 配合施工进度协调工作。

应用点	主要工作内容
四电安装施工工艺模拟	检查对复杂的工艺、工序进行 4D 或 5D 可视化模拟，得到相关数据资料是否合理、科学； 检查工艺模拟是否达到预期效果； 配合对不同工艺模拟比较，选择最优方案。
工程量统计	根据模型、提取四电安装工程量； 协助四电工程量统计校核。
施工质量检查、校核	根据现有模型、工艺、规范与施工完成设备管线校对。
3D 施工协调	根据施工情况更改之前建立的 3D 施工模型。
构件信息录入	将设备管道等构件的施工信息利用数据交互模板录入到模型中，可进行查询和汇总。

（5）施工场地布置（临设、临水、临电、交通组织等）

对于占地面积大，施工场地有限的项目，可以考虑利用 BIM 技术辅助场地优化布置。首先进行施工场地的规划，通过合理地规划施工场地，到达少占地、节省临时围挡的建筑材料消耗量，从而达到绿色施工的目的。

施工现场平面布置是对施工组织设计中涉及的场地进行功能区域的划分，并安排好水平方向和垂直方向的交通组织，合理布局施工生产生活场地，材料的堆放和加工场地等，综合规划后将其反映在平面联系上的过程。应用 BIM 技术进行场地优化布置，应达到以下应用目标：

按照施工方案利用 BIM 软件搭建临时建筑设施、场地平面以及大型机械等模型；

利用 BIM 技术体现不同施工阶段的现场布置；

利用 BIM 软件进行可视化、动态的总平面调度管理；

通过 BIM 对施工组织设计中涉及的场地进行功能区域的划分。

规划合理的水平方向和垂直方向的交通组织，合理布局施工生产生活场地，材料的堆放和加工场地等，综合规划后将其反映在平面上，以达到满足施工方便、交通方便，减少二次搬运，减少施工用地，降低成本，缩短进度，符合安全和环保要求的目的。

（6）其他分项工程

对于本项目中的其他土建、装饰等施工，同样采用 BIM 技术，对施工方案进行 3D 建模并结合整个建筑模型进行方案实施论证和模拟,确保方案最优的情况下再经业主、监理等单位审核批准后对参与施工的管理人员和作业人员进行多媒体可视化交底,以这样的方式避免返工浪费,节省工期,确保施工安全,达到质量优良的目的。

4.3　一体化管理平台建立要求

用于四电工程的一体化管理平台应以四电工程信息模型和互联网数字化远程同步功能为基础,实现项目建设过程中进度、质量、安全、投资等协同管理,平台应涵盖建设单位、设计单位、施工单位、监理单位等单位的管理业务。

4.3.1　功能要求

根据应用模块一般划分基础服务、进度管理、质量管理、安全管理等模块。基础服务模块宜包含三维建模、EBS/WBS 分解、资料管理(协同工作)、引擎服务等功能;进度管理模块宜包含施工日志、电子沙盘、派工单等功能;质量管理宜包含技术交底、材料报批、进场报验和质量验收等功能;安全管理宜包含隐患排查、培训平台和融合指挥等功能。

一体化管理平台作为项目管理的主平台,宜建立统一、开放的驱动数据传递标准,实现参与单位自身工作平台与管理一体化平台进行数据交互,保证实时数据共享、交付数据的及时性与一致性、数据的安全性。

4.3.2　建立原则

一体化管理平台应遵循以下原则:

(1)考虑各种使用场景及用途、驱动数据采集与业务管理流程的特点,平台宜具备网页端、桌面端及移动端等多终端应用模式。

(2)为保障平台驱动数据的真实性和及时性,平台驱动数据的采集宜采用基于"互联网 + 物联网"的各类智能感知和自动化控制技术,充分利用工艺监测、安全预警、数据实时互通互享、隐蔽工程数据自动采集等智慧设备。

(3)为满足模型调用的及时性,平台宜具备相应的软件设施与网络构架。宜采用阶段性或定期的数据交互方式,以此保证并行工作的数据传输效率。

(4)考虑数据的安全性、可追溯性等方面的问题,平台需具备详细的数据安全保障措施和安全协议,以确保文件、数据的存储与传输安全,为各参与单位之间的信息访问提供安全保障。

(5)一体化管理平台宜突出信息模型的精细化设计、应用与管理特点,所有工程构件具有唯一标识码，并可实现多维度构件级查询。

（6）平台宜具有完善的 BIM 模型版本管理能力，模型从设计到施工和运维应有关联关系，保证构件在工程生命周期的延续性。

4.4　BIM 施工工作流程

施工阶段 BIM 技术应用流程是施工阶段 BIM 技术应用的主线，涵盖所有应用点及施工安装的全过程，是设计阶段 BIM 技术应用的纲领性流程，体现 BIM 技术应用的基本过程。

施工阶段 BIM 技术应用流程，如图 4.2 所示。

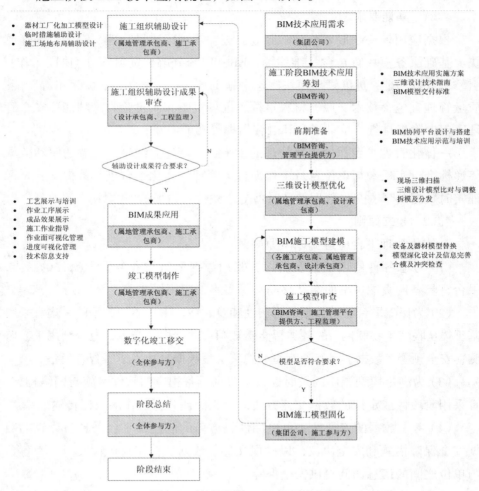

图 4.2　施工阶段 BIM 应用流程图

第 5 章　BIM 工作保障措施

5.1　质量管理体系

为了提高项目各参与方的协作效率，一个重要方式是构建"BIM+互联网"的信息化协同管理体系。这个体系的建立是以 BIM 模型为基础，将移动互联网及地理信息系统（GIS）、三维激光扫描等技术相结合。通过施工模拟和建筑信息模型化，业主、设计、施工、监理、质量监督等各参建方可以共享此体系平台，进行信息交流、沟通合作，共同监管质量。构建协同质量管理体系，主要内容涉及以下几个方面。

（1）工程信息模型化

利用工程信息构建 BIM 三维模型，是运用 BIM 技术的基础，目的是使各参建方都可以通过立体模型直观地观察、分析各个建筑结构的物理信息。

（2）高效的信息传输

为了使各方保持充分沟通，便于实时交换信息，必须通过 BIM 技术将工程建设施工的各个工区联系起来。这样，可以使各方协作更为紧密，质量监管方也可以同时监管多个关联工区，提高监管效率和监管质量，排除一些导致质量事故的因素。

（3）质量信息管理

需要利用 BIM 将数据与模型进行整合，方便各方联动。具体操作方法是：第一，施工方在施工过程中随时将现场施工情况通过视频或图片上传至 BIM 系统；第二，在专业人员的参与下，利用 BIM 系统对上传的内容进行分析，并将其与 BIM 模型中的相应构件进行对比与关联。

这样，与工程进展相关的数据可直接反映在 BIM 模型中，便于项目各参与方特别是质量管理相关各方快速了解工程情况。尤其是出现质量问题时，各方可及时了解问题状况及问题出现的位置，通过加强沟通，协商制定处理方案。同时将相关问题及处理情况反馈给系统，由专业人员对 BIM 模型中对应工程信息进行更改修正。因此，在工程进行过程中，形成并不断完善一个项目信息集成管理数据库，并利用该数据库辅助项目参与方进行施工质量的协同管理。

（4）现场施工监管

协作管理体系的建立，是运用 BIM 模型对建筑工程施工过程的模拟，以及对整体施工组织计划的模拟，使质量监管方及其他各参建方能深刻理解设计方案，通过分析施工组织方案的优化程度，及时发现施工中的质量问题。施工中还需通过动画演示等手段，利用 BIM 模拟关键工序的施工。使各方相关质监人员通过观察模拟情况，结合现场观察，全面掌握工程状况。

另外，质量管理方应参与其他项目参与方所组织的对项目整个寿命周期中的实时监控，随时掌握施工状态，对质量问题做到早发现、早解决，出现质量问题时一起追根溯源，通过分析出现质量问题的原因，为后续施工提供指导。

（5）现场监督与协同办公

工程项目的现场管理工作是项目质量安全管理的重要内容之一，也是协同质量管理体系的要素之一。目的是利用 BIM 技术使质量管理相关各方方便地在彼此之间充分协作，共同参与现场管理与监督，以监督保证施工质量。

（6）智慧工地建设

通过 BIM 技术对工程的设计和模拟，设计方和施工方充分挖掘和分析工程信息数据，实现对工程建设的可视化智能管理，目的是建成智慧工地。"BIM+互联网"信息化管理平台与智慧工地的结合，有利于提高质量监督效率。而搭建协同管理平台，需要基于对智慧工地建设的考量。

（7）BIM 对施工各阶段的质量控制

建立协同质量管理体系，涉及 BIM 技术在各施工阶段的具体应用，在施工前期，应用 BIM 技术进行建筑工程三维建模。施工技术人员和质量监管相关人员可以通过模型了解建筑工程的整体情况，并讨论、分析工程细节，预先分析和发现施工环节中可能存在的技术缺陷，在施工管理中予以预防。

在施工中期，可运用 BIM 技术将施工模型和具体施工情况充分结合起来，方便进行质量控制。通过 BIM 模型实现三维可视化，项目管理人员在移动终端实现项目数据的全面采集，并借助网络将采集的信息传送到云平台。

项目参与各方的质量控制人员通过 BIM 信息，可以随时掌握工程项目当前所处的状态，发现施工任务（如进度任务）执行过程中的问题，指导建筑工程的下一步施工。当工程建设周期较长时，分步分项工作容易出现各种类型的工程变更，现场质量管理信息相应增多。这时，应用 BIM 技术可取得更好的质量管理效果。在施工后期，BIM 技术在工程质量控制中的应用主要是信息分析与处理。此阶段，由于要为后期制定技术与质量管理措施提供准确的数据依据，施工方需要利用 BIM 技术，全面收集与分析建筑工程中的各种零散信息，进行归纳汇总，并存入数据库。施工方、监理方、建设方等各方项目质量控制的相关人员就此进行会商研究，对建筑工程中可能存在的工程质量问题及其出现的原因做出准确判断，协助施工方提前制订出质量问题解决方案。同时，施工方还需要利用 BIM 平台，进行质量检验报告等文件的提交、存档。在验收环节，各相关单位进行材料审核时，可随时查阅、调用，提高工作质量和效率。

5.2　质量控制要点

（1）质量控制的目标和范围应根据项目特点、合约要求及工程项目相关方 BIM 应用水平等综合确定。

（2）质量控制宜覆盖包括工程项目深化设计施工实施、竣工验收等的施工全过程，也可根据工程项目实际需要应用于某些环节或任务。

（3）工程项目相关方应根据质量控制目标和范围选用具有相应功能的 BIM 软件。BIM 软件应具备下列基本功能：

- 模型输入、输出；
- 模型浏览或漫游；
- 模型信息处理；
- 相应的专业应用；
- 应用成果处理和输出；
- 支持开放的数据交换标准。

（4）工程项目相关方应明确质量控制的工作内容、技术要求、工作进度、岗位职责、人员及设备配置等。

（5）工程项目相关方应建立 BIM 应用协同机制，制订模型质量控制计划，实施 BIM 应用过程管理。模型质量控制措施应包括下列内容：

●模型与工程项目的符合性检查；

●不同模型元素之间的相互关系检查；

●模型与相应标准规定的符合性检查；

●模型信息的准确性和完整性检查。

（6）施工模型可包括深化设计模型、施工过程模型和竣工验收模型。

（7）施工模型应根据 BIM 应用相关专业和任务的需要创建，其模型细度应满足深化设计、施工过程和竣工验收等任务的要求。

（8）深化设计模型宜在施工图设计模型基础上，通过增加或细化模型元素等方式进行创建。

（9）施工过程模型宜在施工图设计模型或深化设计模型基础上创建。宜根据工作分解结构（WBS）和施工方法对模型元素进行必要的拆分或合并处理，并按要求在施工过程中对模型及模型元素附加或关联施工信息。

（10）竣工验收模型宜在施工过程模型的基础上，根据工程项目竣工验收要求，通过修改、增加或删除相关信息创建。

（11）当工程发生变更时，应更新施工模型、模型元素及相关信息，并记录工程及模型的变更。

（12）施工模型应满足工程项目相关方协同工作的需要，支持工程项目相关方获取、应用及更新信息。

（13）深化设计 BIM 软件应具备空间协调、工程量统计、深化设计图和报表生成等功能。

（14）预制构件拆分时，宜依据施工吊装工况、吊装设备、运输设备和道路条件、预制厂家生产条件以及标准模数等因素确定其位置和尺寸等信息。

（15）宜应用深化设计模型进行安装节点、专业管线与预留预埋、施工工艺等的碰撞检查以及安装可行性验证。

（16）四电深化设计中的设备选型、设备布置及管理、专业协调、管线综合、净空控制、参数复核、支吊架设计及荷载验算、四电末端和预留预埋定位等宜应用 BIM。

（17）在四电深化设计 BIM 应用中，可基于施工图设计模型或建筑、结构、四电专业设计文件创建四电深化设计模型，完成相关专业管线综合，校核系统合理性，输出四电管线综合图、四电专业施工深化设计图、相关专业配合条件图和工程量清。

（18）管线综合布置完成后应复核系统参数，包括电气负荷、灯光照度、管线截面尺寸、支架受力等。

（19）工程项目施工中的施工组织模拟和施工工艺模拟宜应用 BIM，施工模拟前应确定 BIM 应用内容、BIM 应用成果分阶段或分期交付计划，并应分析和确定工程项目中需基于 BIM 进行施工模拟的重点和难点。

（20）当施工难度大或采用新技术、新工艺、新设备、新材料时，宜应用 BIM 进行施工工艺模拟。

5.3　人员技术培训

5.3.1　人员培训体系

（1）培训目标

通过针对性的培训讲解，帮助企业内部人员梳理并掌握项目 BIM 建模要点、应用方法和操作规范。培训过程中进行知识传递和转移，通过 BIM 管理工作小组整体实施和服务过程，促进 BIM 技术在企业内部逐步掌握和熟练应用，提高企业内部人员的 BIM 能力水平，加强 BIM 人才培养建设。

（2）培训范围

培训范围包括总部、分公司和项目三级应用培训，重点项目关键人员进行培训辅导。

总部集中培训：集团总部相关领导层、各职能部门以及各执行层。

分公司培训：同总部。

项目部培训：项目各管理岗位。

（3）培训内容

培训内容概要：总体上包括系统软件类培训和 BIM 技术应用培训。

系统软件类培训主要内容为 BIM 系统平台成功部署后，针对相关岗位人员进行操作培训讲解；BIM 技术培训主要内容为从整体上讲解 BIM 技术的概况、发展和重要性和项目实施的关键点，从理念上引导参与培训的人员，强化信心传递。

（4）培训师资

● 四人，每人负责四电一个专业。

● Navisworks 每个人都要会（涉及碰撞检查）。

●除上述外，一人精通 Navisworks（做动画），一人精通 SketchUp 快速建模软件，一人精通钢筋翻样软件，一人精通合成软件。

5.3.2 培训效果的保证

（1）培训准备

BIM 管理工作小组应确定培训计划，包括培训时间地点、参加培训的人员、培训内容。根据培训内容准备培训课件，组织好参训人员，维持培训现场纪律，保证培训效果。

所需软件如下：

● Revit：建模，比较准确的算量，指导施工，出图。

● Navisworks：碰撞检查、施工模拟、动画演示（不仅进度、施工可以模拟）。

●合成软件：音质、图画插入、动画的合成。

● SketchUp 快速建模：针对工程招投标紧急项目，这款软件可以快速建模，调高效率。

● lumion 软件：做漫游，增加动画效果。

●钢筋翻样软件：可以直接指导施工，弥补在钢筋方面的缺陷。

（2）现场辅助应用指导

BIM 管理工作小组在培训过程中以讲解 + 应用指导的方式开展，保证参加的培训人员快速扎实地掌握实际操作。

（3）培训考核

BIM 管理工作小组应制定 BIM 技术技能掌握的考核评定制度，保证培训后的应用效果，引导项目团队重视 BIM 技术的掌握和应用。

5.3.3 培训计划

BIM 小组熟练掌握上述软件，将在推进 BIM 技术在工程前期投标的应用与施工过程的指导与控制中发挥作用。可参照如表 5.1 所示大纲制定员工培训计划。

表 5.1　培训大纲及效果展示

Revit 培训大纲	效果解析
第一章　Revit 基础知识 1.1 Revit 界面介绍 1.1.1 应用程序菜单、快速访问工具栏、信息中心、选项卡、功能区、面板、工具 1.1.2 项目浏览器、绘图区域、状态栏、选项栏 1.1.3 类型选择器、视图控制栏 1.2 系统设置："设置〉选项" 1.3 建筑设计项目设置 1.3.1 创建并使用建筑材质 1.3.2 创建新的建筑填充样式 1.3.3 控制建筑对象的样式 1.3.4 设置线型、线宽和线样式 1.3.5 设置注释 1.3.6 设置项目单位、临时尺寸和详细程度选项 1.3.7 设置浏览器组织 1.4 创建建筑标准样板文件 1.4.1 选择基准样板 1.4.2 修改项目设置 1.4.3 载入和修改族或组 1.4.4 修改视图和视图样板 1.4.5 修改渲染场景设置 1.4.6 修改导入／导出设置 1.4.7 设置共享参数和项目参数 1.4.8 创建命名的打印样式表 1.4.9 保存样板 1.5 轴网与标高创建	目的：适应和理解 Revit 基础绘图环境、软件组成部分和操作命令，学习如何利用软件开始工作。 要求：制作专业样板文件和开始建模前的环境设置。 操作课件：样板文件、轴网和标高。
第二章　RevitArchitecture 专业建模 2.1 墙体的绘制和编辑 2.2 门窗和楼板 2.3 幕墙编辑 2.4 内建模型 2.5 屋顶创建 2.6 柱、梁和结构构件 2.7 楼梯和扶手 2.8 场地创建	目的：熟悉和运用基础建筑构件创建功能，创建、编辑和分析建筑构件，理解 Revit Architecture 建筑构件组成方式和参数控制方式。 要求：按照要求创建简单建筑模型，完成构件之间关系处理，设置构件类型和参数调整。 操作课件：二层建筑模型、楼梯修改、场地修改。

续　表

Revit 培训大纲	效果解析
第三章　RevitStructure 专业建模 3.1 为项目建模 3.2 钢筋建模 3.3 结构墙、柱、梁创建 3.4 添加剪力墙、水平框架、独立框架 3.5 复合面板 3.6 查看分析模型 3.7 完成项目场地创建	目的：熟悉和运用基础结构构件创建功能，创建、编辑和分析建筑构件，理解 Revit Structure 结构构件组成方式和参数控制方式。 要求：按照要求创建简单结构模型，完成构件之间关系处理，设置构件类型和参数调整。 操作课件：结构柱创建、梁放置。
第四章　RevitMEP 专业建模 4.1 定义体积 4.1.1 创建空间 4.1.2 创建分区 4.2 性能分析 4.2.1 性能分析 4.2.2 定义热负荷和冷负荷 4.2.3 计算热负荷和冷负荷 4.3HVAC 系统 4.3.1 创建 HVAC 系统 4.3.2 生成 HVAC 系统布局 4.3.3 创建和修改管网 4.4 管道系统 4.5 卫浴系统 4.6 消防系统 4.7 电气系统 4.7.1 创建电气线路 4.7.2 创建配线	目的：熟悉和运用基础设备构件创建功能，创建、编辑和分析建筑构件，理解 Revit MEP 设备构件组成方式和参数控制方式。 要求：按照要求创建简单管道、卫浴、电气系统，完成系统检测，设置设备构件类型和参数调整。 操作课件：管道系统、卫浴系统、电气系统创建。

Revit 培训大纲	效果解析
第五章　Revit 之协同作业 5.1Revit 之协同作业 5.1.1 链接建筑模型 5.1.2 链接不同项目文件中的建筑模型 5.1.3 重新定位链接的建筑模型 5.1.4 控制链接建筑模型的可见性 5.1.5 管理链接的建筑模型 5.1.6 处理链接建筑模型 5.2 管理共享位置使用工作集协同设计 5.2.1 启用和设置工作集 5.2.2 单独使用结构工作集 5.2.3 与多个用户协同设计 5.2.4 管理工作	目的：应用如何与 AutoCAD 结合，适应工作集工作模式，中心文件创立，实现各专业协同作业。 要求：控制连接 DWG 文件显示、位置、比例，创建中心文件和本地文件，同步作业和冲突检查。 操作课件：DWG 设备详图处理、基于链接建筑模型创建给排水、暖通、电气系统、基于模型创立工作集模式。
第六章　Revit 图纸文档制作 6.1 设备详图 6.1.1 从设备系统中创建详图 6.1.2 在详图视图中绘制设备详图 6.1.3 创建图纸详图 6.2 设备构件明细表 6.2.1 创建设备构件实例和类型明细表 6.2.2 定义明细表和颜色图表 6.2.3 生成统一格式部件代码和说明明细表 6.2.4 创建共享参数明细表 6.2.5 在明细表中使用公式 6.3 注释和尺寸标注 6.3.1 临时尺寸标注 6.3.2 永久尺寸标注 6.3.3 编辑尺寸标注 6.3.4 注释 6.4 创建结构图纸 6.4.1 在项目中创建结构图纸 6.4.2 使用设备构件图例	目的：如何利用模型创建结构详图，工程量单统计及数据表处理，图形尺寸标注创建和编辑样式，创建图框及生成完整图纸。 要求：创建指定设备构件明细表并按要求过滤和排列，生成初设图纸（包括尺寸）。 操作课件：设备系统图、设备构件明细表。

Revit 培训大纲	效果解析
第七章　其他应用 7.1 族和族编辑器介绍 7.1.1Revit 族介绍 7.1.2 将族添加到项目中 7.1.3 族编辑器介绍 7.1.4 创建标准建筑族的常规步骤 7.1.5 参照平面、定义原点 7.2 渲染视图和创建漫游	目的：理解 Revit 族的概念，创建和编辑标准族模型、参数关联和参照信息，运用渲染和漫游处理模型输出，设置模型构件接短信息。 要求：按要求完成基本族的制作、参数处理和项目应用，制作模型的渲染和漫游，添加构件工程阶段信息。 操作课件：门、窗族创建和编辑、模型渲染和漫游动画输出、阶段信息处理。
Navisworks 培训大纲	效果解析
第一章　了解 Navisworks 软件 1.1Navisworks 软件的核心功能 1.2Navisworks 软件的界面 1.3Navisworks 软件在整个项目中的作用 1.4Navisworks 软件的特性 1.5Navisworks 模型文件格式（.nwc/.nwf/nwd）	目的：适应和理解 Navisworks 基础绘图环境、软件组成部分和操作命令，学习如何利用软件开始工作。 要求：能够将模型导入 Navisworks 软件中，并对其进行查看。
第二章　Navisworks 软件基本功能 常用 2.1 项目 2.1.1 附加 2.1.2 刷新 2.1.3 重置 2.1.4 文件选项 2.2 选择和搜索 2.2.1 选择 2.2.2 选择全部 2.2.3 选择相同项目 2.2.4 选择树 2.2.5 查找项目 2.2.6 集合 2.3 可见性 2.3.1 隐藏	目的：熟悉和运用 Navisworks 软件基本选项卡及工具，能够进行简单的编辑。 要求：能够对模型进行简单的检测碰撞，编辑动画。

续　表

Revit 培训大纲	效果解析
2.3.2 强制可见 2.3.3 隐藏未选定项目 2.3.4 显示全部 2.4 显示 2.4.1 链接 2.4.2 快捷链接 2.4.3 特性 2.5 工具 2.5.1 碰撞检查 2.5.2Timeliner 2.5.3Presenter 2.5.4Animator 2.5.5Scripter 2.5.7Data Tools 视点 3.1 保存、载入和回放 3.1.1 保存视点 3.1.2 编辑视点 3.1.3 回放动画 3.2 相机 3.3 导航 3.4 渲染样式 3.5 剖分	目的：熟悉和运用 Navisworks 软件基本选项卡及工具，能够进行简单的编辑。 要求：能够对模型进行简单的检测碰撞，编辑动画。

5.4　BIM 技术应用要求

BIM 建模和应用是一个系统工程，多专业、多单位共同参与才能高效完成，有必要采用计算机与网络技术手段实现团队协作。在协作中，不仅有同一局域网内的协同，也有跨 internet 的协同需求。为了实施 BIM 应用，也需要搭建一些专用平台，这些共同组成了 BIM 建模与应用的网络、软件、硬件资源环境。

5.4.1　建模协同环境

深化设计部和 BIM 管理部规划独立的局域网环境，搭建统一的文件服务器，通过局域网共享实现文件协同需要，为保证可靠性，该文件服务器配备 UPS 不间断电源。为实现广域网协同，在现场的文件服务器上部署 ftp server，采用 ftp 同步文件方式实现协同。可在合同中约定，各单位的设计团队应规划统一的文件服务器，并配置其自动开关机时间，并为其文件服务器配置 UPS 不间断电源。该协同环境的具体架构如图 5.1 所示。

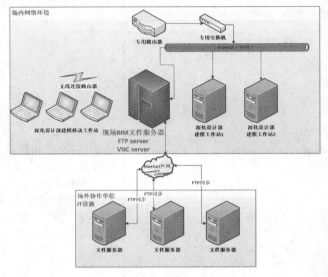

图 5.1　框架图

由于"现场 BIM 文件服务器"网络吞吐量较大，配置双千兆网卡，内网使用一块网卡，外网使用一块网卡。另外，该服务器还有协同需要，需要一定的 BIM 软件运算能力，服务器配置应不低于 CPU：Core i7 4770k，内存：16G，显卡：NVIDIA GeForce GTX760。

5.4.2　BIM 应用协同环境

为实现跨网段 BIM 沟通交流需要，在现场 BIM 服务器上搭建 VNC server，满足无障碍的可视化交流与会议需要。为实现即时的语音沟通与交流，采用语音软件，建立专用频道，实现必要情况下及会议时的远程语音交流，应用协同环境搭建如图 5.2 所示。

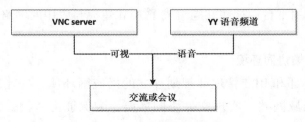

图 5.2　应用协同环境搭建

5.4.3　BIM 应用专用平台

1.BIM 4D 应用平台

为实现工程项目的资源管理，建立实现 4D 乃至 5D 层面的功能的应用平台，该平台旨在进行资源统计，辅助计划管理与决策。

2.Project server 平台

作为与 BIM 4D 平台配套使用的计划数据源。该平台独立配置服务器部署。

5.4.4　BIM 建模标准与指南

内容如图 5.3 所示。

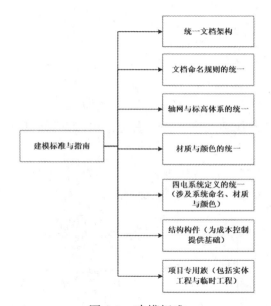

图 5.3　建模标准

5.4.5　统一文档架构

为实现统一文档架构，工程项目中的模型文件应采用中央存储模式，即各专业模型统一存储规定管理平台并共享，各建模工作站人员可通过将共享文件夹映射网络驱动器的方式实现类似本地访问文件的体验效果。具体实现方式如下：

（1）通过网络共享找到服务器，如图 5.4 所示。

图 5.4　寻找服务器

（2）打开服务器找到共享文件，右键单击，选择映射网络驱动器，如图 5.5 所示。

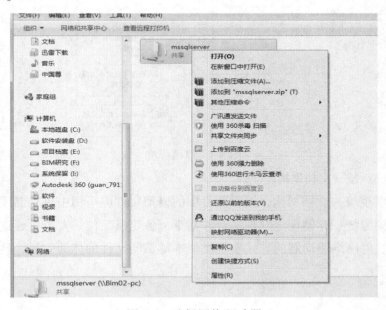

图 5.5　选择网络驱动器

（3）为其选择一个盘符，点完成，如图 5.6 所示。

图 5.6　选择网络文件夹

（4）再次打开计算机检查，确认构建成功，如图 5.7 所示。

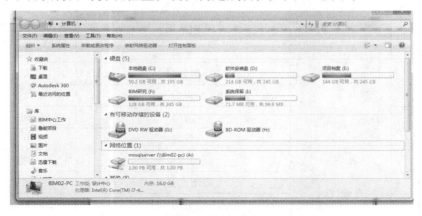

图 5.7　构建成功

当然，我们为了文档安全考虑会在服务器上建立不同的用户组，并赋予不同的权限，在访问共享文件夹时需要输入在系统上的用户密码。

5.4.6　BIM 文档架构与命名

四电 BIM 工程建设单位应对 BIM 应用过程中的模型与文件进行管理，管理范围包括下列内容：

（1）建设各阶段参建单位交付的模型

BIM 技术标准和各阶段 BIM 应用产生的分析报告、模拟视频、渲染图片、数据表格、三维模型视图等成果文件。

（2）模型与文件的标准命名除应符合企业现有相关规定外，宜应符合下列要求：

①命名宜包含项目、阶段、站点、专业、版本和模型创建软件等信息。

②命名宜使用汉字、拼音或英文字符、数字和连字符"–"的组合。

③命名中使用的项目编号和专业代码等，应与建设单位的工程管理规定保持一致。

④在同一项目中，应使用统一的文件命名规则。

⑤文档、表格、图纸、模型、影像资料等的数据格式应满足施工图归档要求和项目实施需要。

⑥模型和文件的归档管理应结合企业已有档案管理办法。

（3）工程项目的文档架构应按照统一命名规则进行管理，如表5.2所示。

表 5.2　编码规则

序号	编码类别	编码规则	
1	专业代码	主体结构	JG
2		钢结构	GJG
3		幕墙	MQ
4		精装修	JZ
5		管线	GX
6		道路	DL
7		景观	JG
8		暖通风系统	NTF
9		暖通水系统	NTS
10		消防	XF
11		通信	TX
12		信号	XH
13		接触网	JCW
14		给排水	GPS
15		供电	GD
16		临设–水电	LSSD
17		临设–设施（含道路）	LSSS
18		临设–安全设施	LSAQ

续　表

序号	编码类别	编码规则	
19	部位代码	地下室 A 区	A
20		地下室 B 区	B
21		地下室 C 区	C
22		地上东裙	DQ
23		地上西裙	XQ
24		地上东塔	DT
25		地上西塔	XT
26		总平	ZP
27		可扩充	KKC
28	楼层代码	地下	B5~B1 夹
29		地上	F1~

示例：JG-A-B05.rvt，意为地下室 A 区 B05 层结构专业 Revit 模型文件

NTF-DT-F022.rvt，意为东塔楼 22 层暖通风专业 Revit 模型文件

GJG-DT.IFC，意为东塔楼钢结构专业 IFC 模型文件

LSSD-ZP.skp，意为总平面临时水电 Sketchup 模型文件

LSAQ-DT.rvt，意为东塔楼安全设施 Revit 模型文件

有时还需要一些中间模型的版本，以备用于分析，比如模型建立完成但尚未协调前。在此版本备份过程则容许在文档体系中添加文件，但是仍须遵从上述命名规则，并保持与原文件体系的命名相同，只不过在文件名的最后加一个版本号予以区分。比如暖通风专业的建模工程师，按照设计完成了图纸翻模形成了 NTF-DT-F022.rvt。这一模型文件后要进行该部位的管线综合工作了，这种情况下需要备份一个原始版本，就可以备份一个文件名为 NTF-DT-F022-FM.rvt。根据需求，应对版本号也做一个标准，如表 5.3 所示。

表5.3 版本号标准

序号	版本号代码	含义
1	FM	按设计图纸翻模完成
2	GZ	管线综合协调完成
3	NS001…（由于可能多次审核，于是加数字序号）	项目内审意见修改完成
4	WS001…（由于可能多次审核，于是加数字序号）	外审意见修改完成
5	TH	天花协调布置完成
6	BG001…（变更可能有多个，加数字序号）	变更备份文件，该备份文件仅包括所变更部位的变更前与变更后的局部模型，便于对变更的数据分析

5.4.7 轴网与标高体系的统一

常见的 BIM 建模软件有 Revit、Tekla、Sketchup，参加建模单位也很多，因此需要统一轴网与标高体系。具体路径可参照图 5.8 所示。

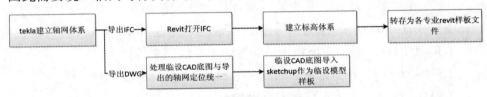

图 5.8 统一体系路径

这里描述是为了让企业员工理解定位的开始是由 Tekla 开始，同时也提醒钢结构的同事做好前期准备工作，为后续工作创造条件。

5.4.8 四电系统定义、墙柱梁板等的定义、材质与颜色的统一

以上标题中三项内容的定义涉及与项目直接相关的具体系统族、构件族的具体定制，材质与颜色的统一则涉及这些具体定制族的属性定制，如图 5.9 所示。

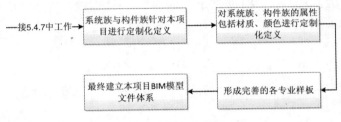

图 5.9 定制化定义

5.4.9　模型绘制标准

为了保证初期建立的 BIM 模型满足后期 BIM 应用的需要，并且满足专业技术标准规范需要，BIM 模型建立时要遵循一定规则和标准。

（1）四电工程开展 BIM 技术应用工作前，应根据工程需要对各阶段的 BIM 应用内容、模型种类和数量、软硬件需求等进行整体规划。

（2）四电工程建设各阶段的模型包括方案设计模型、初步设计模型、施工图设计模型、深化设计模型、施工过程模型和竣工验收模型等。深化设计模型宜在施工图设计模型基础上，通过增加或细化模型元素等方式进行创建；施工过程模型宜在施工图设计模型或深化设计模型基础上创建；竣工验收模型宜在施工过程模型的基础上，根据工程验收要求，通过修改、增加或删除相关信息创建。

（3）四电工程 BIM 应用应建立协调机制和方法，使各阶段模型能集成为逻辑上唯一的本阶段项目部分或整体模型。

（4）四电工程建设各阶段的模型创建应考虑所处段 BIM 技术应用内容和模型数据集成的需求，并对模型创建软件和创建方法进行规定。

（5）在满足 BIM 应用需求的前提下，模型创建可采用较低的模型细度。

（6）各参建单位按照 BIM 实施方案开展模型创建、使用和管理工作，并按要求向建设单位交付相关模型和资料。各参建单位根据建设单位的协同工作管理办法，获取相关模型及应用成果。

（7）四电工程各参建单位应保证各自创建的模型及应用成果的真实、完整、有效。

（8）四电工程建设各阶段 BIM 模型应按照统一的规则和要求创建，当按工程部位、专业等分别创建时，各模型应协调一致，并能够集成应用。

（9）模型创建应采用统一的坐标系和度量单位。

（10）模型宜全线统一创建，按工程部位、标段划分等进行拆分并提供给相关单位使用。

（11）工程本体可按工程部位、专业、系统等分解模型创建工作，提高工作效率。

（12）模型元素及模型元素信息应统一分类、命名和设定编码规则。

（13）模型元素信息的录入方法应明确，并符合下列要求：

需要进行统计、分析的非几何信息，宜录入模型或用 BIM 数据集成与管理平台关联至模型。

只需满足查询需求的非几何信息，可采用 BIM 数据集成与管理平台建立模型和信息来源（图纸、文档、表格等）的关联关系。

（14）模型或模型元素在进行增加、细化、拆分、合并、集成等创建操作后，应对新创建模型进行正确性和完整性检查。

（15）模型创建完成后应删除模型中冗余的参照文件、模型元素和信息等。

（16）四电工程模型的专业划分应参考已有标准，设计各阶段模型创建范围、模型细度和成果。

（17）模型元素信息包括下列内容：

几何信息：尺寸、定位、空间拓扑关系等。

非几何信息：名称、规格型号、材料和材质、工程量、生产厂商、产权单位、功能与性能技术参数、系统类型、资产类别、分部分项、施工段、施工方式、工程逻辑关系等。

5.4.10 BIM 模型信息标准

作为施工单位主要的 BIM 需求来自管理及与管理相关的数据，而这些主要包含在 BIM 信息模型的构件特征信息中，对于一些共性参数可能作为共享参数包含在构件信息中。模型构件具体信息标准要求见下表 5.4。

表 5.4 模型构件具体信息标准要求

序号	构件	参数	实现途径	备注
1	结构构件	材质	定义统一的材质共享参数	建模人员只需根据其真实材质赋予
2		外观	与材质共享参数一一对应定义材质库	由 BIM 管理部专人统一定义，建模人员只需根据其真实材质赋予
3		劳务合同编码	定义共享参数	
4		状态	定义共享参数	
5		WBS 编码	定义共享参数	按照 Project 的 WBS 划分赋予

序号	构件	参数	实现途径	备注
6	支、吊架	供应商名称	定义共享参数	
7		联系方式	定义共享参数	
8		状态	定义共享参数	加工、到场、在库、安装
9		分包合同编码	定义共享参数	
10		WBS 编码	定义共享参数	
11	四电设备及附件	供应商名称	定义共享参数	
12		配件品牌		
13		联系方式		
14		备品种类与数量		
15		备品所在仓库		
16		状态		加工、到场、在库、安装
17		分包合同编码		构件主承包商编码
18		劳务合同编码		
19		接口信息		与之相关的包商编码
20	管线	系统类型	通过族定义	由 BIM 管理部统一制定好，建模人员使用时严格按照图纸选用
21		系统名称	通过族定义	
22		供应商名称	定义共享参数	
23		联系方式	定义共享参数	
24		状态	定义共享参数	加工、到场、在库、安装
25		分包合同编码	定义共享参数	
26		WBS 编码	定义共享参数	

5.4.11　BIM 应用点

BIM 技术应用点如图 5.10 所示。

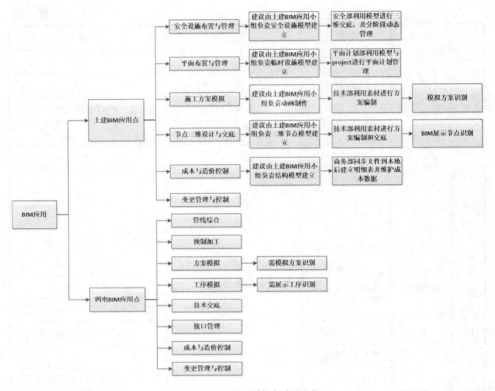

图 5.10　BIM 技术应用点

5.4.12　BIM 工作管理制度

BIM 建模的会议每周由各专业组组织会议，必要时组织跨专业协调会议或重要问题的专题会议，BIM 工作管理制度如图 5.11 所示。应根据工期进度计划制定 BIM 深化设计出图计划，并按照出图计划前移进行专业互审会议，然后提交总包内部审图组织内部审图会议，最后提交业主审图机构进行最终审图会议。以上会议应做好会议纪要，并确保审图意见及时修改。一经审图通过的 BIM 模型由信息管理员及时锁定权限，进入变更维护流程，任何对审图确定的模型的修改，必须经过审批，并做好存档记录。

BIM 模型的许多信息是由很多业务部门甚至现场人员掌握的，BIM 管理部将会采取相应技术手段，为相应专业提供信息录入界面，但项目部应在更高层面规定相应人员的按时填写信息的义务和职责。

至于 BIM 应用，则是为了辅助技术、商务、进度管理的需要，提供动画、分析报告等辅助决策的依据文件。动画主要是重大方案模拟、工序模拟，分析报告主要是资源与进度匹配性分析，辅助商务主要提供成本与造价的相关 BIM 数据，以料表为主。

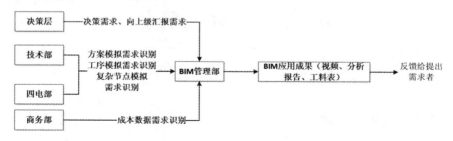

图 5.11　BIM 工作管理制度

第 6 章　BIM 模型应用

6.1　应用标准体系

6.1.1　IFC 标准架构

IFC 标准架构包含四层，从上至下依次分为领域层（Domain layer）、共享层（Shared layer）、核心层（Corelayer）和资源层（Resource layer），如图 6.1 所示。领域层定义某一领域专属产品、过程或资源实体，用于领域内部信息交换和共享。共享层定义多个领域共用的产品、过程或资源实体，用于领域间信息交换和共享。核心层定义 IFC 核心架构、核心扩展架构和最常用实体。资源层定义 IFC 基本资源，如材料、几何、属性、数量、成本等。

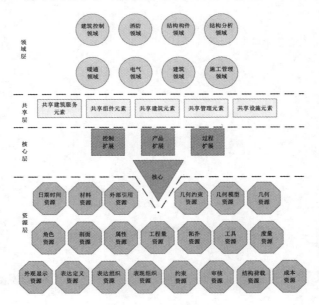

图 6.1　IFC 标准架构

6.1.2　IFC 标准扩展机制

由于 IFC 标准所定义的实体类型是有限的，为满足对其他领域实体进行定义的需求，IFC标准提供了两种扩展机制：新增实体定义扩展和属性集扩展。

（1）新增实体定义扩展方式

此扩展方式是根据IFC标准的内在继承关系增加新的实体定义，对现有IFC标准架构进行扩充和更新，从而建立新的数据标准架构，以解决新领域的信息表达和信息交换问题。

此扩展方式主要用于IFC标准版本更迭。《铁路四电工程信息模型数据存储标准》中部分接触网构件定义就采用了基于新增IFC实体定义的扩展方式，如线缆附属构件（IfcCableAuxiliary）即为新增IFC实体。由于涉及现有IFC标准架构和BIM软件的修改与扩充，因而短期内此标准还无法应用到高铁接触网工程项目实施过程。

（2）属性集扩展方式

IFC支持通过自定义属性集（User-defined PSETs）进行扩展，其扩展原理如图6.2所示。通过IFC标准核心层的IfcBuildingElementProxy实体及自定义属性集，来描述所需表达的实体及其属性信息。IfcBuilding ElementProxy继承于IfcObject，用PredefinedType属性表示扩展实体的类型，其枚举值包括COMPLEX、ELEMENT、PARTIAL、USER DEFINED、NOTDEFINED等。

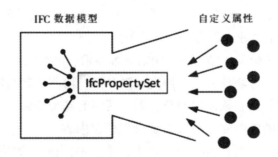

图6.2　IFC数据模型与自定义属性集的关系

（3）两种扩展方式对比

新增实体定义扩展方式的优势在于执行效率较高，访问效率高；缺点在于需要经过严格的研发过程，周期长，软件支持较差。属性集扩展方式的优势为可在现有IFC标准框架下实现，开发周期短，兼容性好，软件支持程度高；此方式不足之处在于难以表达四电工程系统的分类信息，且访问效率稍低。

6.2 应用原则

（1）施工 BIM 技术应用策划

四电工程 BIM 实施宜应用以 BIM 技术、智能建造技术、信息化技术等新技术为核心的四电 BIM+GIS 建设运维一体化管理平台（一体化管理平台）进行工程精细化管理。四电工程施工 BIM 技术应用策划宜明确下列内容：

① BIM 技术应用专业。

② BIM 技术应用专业包含的内容。

③人员组织架构和相应职责。

④软硬件环境配置。

⑤ BIM 技术应用项及应用流程。

⑥施工模型创建。

⑦应用成果要求。

（2）BIM 技术应用实施路线

在应用 BIM 技术前，应制定实施路线，包括但不限于以下内容：

① BIM 技术应用目标，明确项目信息和关键时间节点，制定 BIM 技术应用计划，明确 BIM 技术应用目的、应用模式和实施组织方式等。

② BIM 工作内容，详细定义信息交换格式标准（包含统一的建模标准、文档结构、命名规则、度量标准、同一坐标系统、软硬件条件需求等），并确定项目各参与方的要求、职责及权限分配。

③明确项目各阶段各参与单位团队配置要求、组织架构、相关人员职责。

④明确各参与方协作分工、协同权限分配、协同机制与实施计划。

⑤明确所需硬件、软件选型及版本、网络的基础条件。

⑥明确涉及的四电专业相关系统所建模型内容。

⑦明确各阶段模型精度及信息要求，明确不同阶段应用技术点的交付成果要求，含模型精度要求等。

⑧明确建模规则与信息交换要求。

⑨明确项目成果交付要求。

⑩明确 BIM 模型和数据的审核／确认流程。

（3）BIM 技术应用实施原则

①参与方职责范围一致性原则。各参与方对 BIM 模型及 BIM 技术应用所承担的工作职责及工作范围，应与本规定一致。

②数据接口一致性原则。BIM 数据交换标准应满足实际应用的需求，应保证不同参与方之间的数据信息可以实现无损传递，确保最终 BIM 模型数据的正确性及完整性。

③ BIM 模型维护与实际同步原则。项目实施过程中的建筑信息模型和相关成果应及时按规定节点进行更新，以确保 BIM 模型和相关成果的一致性。

6.3　施工准备阶段应用情况

（1）施工图深化设计

根据确定的施工方案、施工工法及现场实际和施工过程中存在的 BIM 技术应用环节，完成施工图深化设计模型。施工图深化设计模型宜包括：四电设备基本信息、材料信息、机械设备信息、施工计划信息和费用信息等。在深化设计过程中应利用一体化管理平台进行深化设计的协调、审批以及图纸验收和归档工作，利用 BIM 模型的可视化特点和平台的数字化特点全面开展深化设计专项管理。四电工程深化设计要点如表 6.1 所示，深化设计需满足以下要求：

①深化设计应能满足本专业施工的可实施性及设计效果的最终落实。

②施工设计图纸的准确度及完善度等信息应与最后的工程竣工验收图保持一致。

表 6.1　四电工程深化设计要点

应用点	主要工作内容
管线综合	1. 检查管线是否经过优化，对管线、相关设备进行综合排布，使管线、设备整体布局有序、合理、美观，最大程度地提高和满足使用空间。 2. 协调组织各方使 BIM 工作顺利实施。
四电设备安装施工进度模拟	1. 检查施工进度模拟动画主要控制点，检查施工工序是否合理。 2. 分析各专业施工进度、场地布置合理性。 3. 配合施工进度协调工作。
四电设备安装施工工艺模拟	1. 对复杂的工艺、工序进行可视化模拟，得到相关数据，并判断是否合理、科学。 2. 检查工艺模拟是否达到预期效果。 3. 配合对不同工艺模拟进行比较，选择最优方案。
工程量统计	1. 根据模型提取四电工程安装工程量。 2. 协助四电工程量统计校核。

应用点	主要工作内容
施工质量检查、校核	根据现有模型、工艺、规范完成四电工程各专业设备校对。
施工协调	根据施工情况修改和完善之前建立的施工模型。
构件信息录入	将设备构件信息利用一体化管理平台录入到模型中，可进行查询和汇总。

（2）施工组织设计

①建设单位除应按相关技术规范编制指导性施工组织设计外，还应组织各参建单位应用 BIM 技术对指导性施工组织设计进行深化，编制基于 BIM 技术的指导性施工组织设计，主要内容包括：项目总体施工进度安排、施工场地布置、资源配置、重点施工方案模拟、投资控制等。

②施工单位应根据建设单位编制的基于 BIM 技术的指导性施工组织设计，编制本标段实施性施工组织设计，主要内容包括：本标段总体施工进度安排、施工场地布置、资源配置、重点施工方案模拟及优化比选、质量安全管理、成本控制等，形成本标段实施性施工组织模型及相关文档。

③基于 BIM 技术的施工组织设计应遵循铁路工程建设相关现行的管理办法，执行评审、核备及发布等程序。

④基于 BIM 技术的施工组织设计应根据现场实际生产情况进行动态调整，修正模型信息及相关文档，利用一体化管理平台及时更新信息。

（3）施工场地布置

四电工程的施工场地布置伴随工程施工的整个过程，是顺利施工的前提。施工前，需宜利用一体化管理平台完成室内及室外施工场地布置。

① BIM 施工场地布置依据

a. 施工项目基本信息：包含对施工场地布置有较大影响的信息。

b. 施工现场场地信息：包含现场实际勘测信息、现场红线、临时水电管网接入点等场地信息。

c. 人、机、料相关信息：包含现场材料需求计划、人力资源计划、机械设备布置方案等。

②施工场地布置模型

a. 由施工单位基于施工 BIM 基准模型创建施工场地布置模型。

b. 施工场地布置模型包含场地信息、施工机械设备、临时设施、施工材料堆场等模型内容。

c.施工组织设计文档、施工图纸、工程项目施工进度计划、可调配的施工资源概况、施工现场勘察报告等作为施工场地布置参考文件。

③施工场地布置模型应用

a.利用场地布置模型对场地布置方案进行评估比选，确定最优方案。

b.优化各施工阶段机械设备和现场材料堆放等布置工作，避免四电工程各专业之间的冲突、减少物料的二次搬运、保证施工道路畅通，避免道路布置的潜在隐患。

c.对于各专业的大宗物资、材料及机械进场、场地超期使用等情况，利用施工场地布置模型分析制定合理的场地资源利用方案。

d.通过一体化管理平台统计各阶段相关工程量，为四电各专业施工材料堆放提供针对性建议或解决方案。

e.利用施工场地布置模型研判施工现场消防通道、消防水源的设置是否符合规范要求，保证消防安全。

（4）施工方案模拟

四电工程 BIM 施工方案模拟，主要是对施工活动和对象虚拟化，综合到一体化管理平台进行分析和模拟，实现施工进度、资源、场地布置的动态管理、优化控制和可视化模拟。通过仿真、演示动画，提出切实可行施工方案。施工方案模拟实施流程如图 6.3 所示。

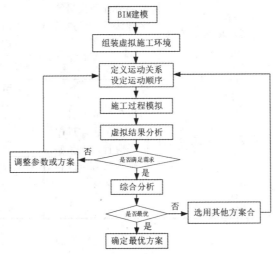

图 6.3　施工方案模拟流程图

（5）基于 BIM 的施工可视化交底

①基于 BIM 的可视化交底目标

基于 BIM 技术，建立复杂部位的三维模型，对复杂工艺、工序进行模拟，实现高效率、高质量交底。

②基于 BIM 的可视化交底应用内容

a. 施工单位将图纸会审中发现的设计问题与 BIM 模型进行关联和表达，并利用 BIM 模型进行图纸会审交底。

b. 在图纸变更交底中，施工单位负责创建与变更内容对应的 BIM 模型，并关联相关变更内容和信息。

c. 复杂节点施工交底工作中，施工单位应准备交底资料并负责具体交底工作。

d. 在安装工艺交底中，施工单位负责制作安装工序较复杂区域的模拟视频，并负责进行交底。具体交底内容见表 6.2。

表 6.2　交底内容表

交底内容	交底文件	文件内容要求	交底前确认	交底对象	交底成果
施工场地布置交底	场地布置施工 BIM 模型	模型文件应包含临时建筑布置、临时道路布置、机械设备布置、加工棚与材料堆场布置等内容	可视化交底文件由建设单位、监理单位相应管理人员签字确认后方可进行交底	建设单位项目管理人员	交底确认单
				监理单位项目管理人员	
				施工单位项目管理人员	
				现场作业人员	
施工进度交底	施工进度交底模拟动画	进度模拟动画需与时间联动	可视化交底文件由建设单位、监理单位相应管理人员签字确认后方可进行交底	建设单位项目管理人员	交底确认单
				监理单位项目管理人员	
				施工单位项目管理人员	
				现场作业人员	

续　表

交底内容	交底文件	文件内容要求	交底前确认	交底对象	交底成果
施工质量安全交底	施工质量、安全模拟视频、方案等	视频和方案中包含质量、安全注意事项，以及重要防控点	可视化交底文件由建设单位、监理单位相应管理人员、施工班组签字确认后方可进行交底	建设单位项目管理人员	交底确认单
				监理单位项目管理人员	
				施工单位项目管理人员	
				现场作业人员	
图纸变更交底	施工 BIM 标准模型	交底模型文件应反映相关变更内容，添加相关变更信息，指引到对应变更号	可视化交底文件由设计单位专业工程师确认后方可进行交底	建设单位项目管理人员	交底确认单
				监理单位项目管理人员	
				施工单位项目管理人员	
				现场作业人员	
				设计单位人员	
复杂节点施工交底	复杂节点三维交底模型	交底模型文件应进行高精度建模，满足交底要求	可视化交底模型文件由建设单位、监理单位、施工总承包单位共同确认后方可进行交底	建设单位项目管理人员	交底确认单
				监理单位项目管理人员	
				施工单位项目管理人员	
				现场作业人员	
				设计单位人员	
安装工艺交底	三维可视化安装模拟视频	交底视频文件应针对安装工序较复杂的区域进行安装模拟制作	可视化交底文件由施工技术人员、施工总承包单位技术总工、监理工程师共同审核后方可进行交底	建设单位项目管理人员	交底确认单
				监理单位项目管理人员	
				施工单位项目管理人员	
				设计单位人员	
				现场作业人员	

续　表

交底内容	交底文件	文件内容要求	交底前确认	交底对象	交底成果
图纸会审交底	施工BIM标准模型	交底模型文件应经过施工深化、施工方案优化	可视化交底文件由设计单位专业工程师确认后方可进行交底，形成文字确认记录	建设单位项目管理人员	交底确认单图纸问题清单
				设计单位人员	
				施工单位项目管理人员	
				监理单位项目管理人员	
				现场作业人员	

③基于 BIM 的可视化交底应用方法

a. 对于复杂部分的技术交底，可以进一步做拆分，进行可视化处理，通过 Navisworks、Fuzor 等做成小视频，导入视频编辑软件，加上配音和字幕，导出更加直观的视频动画进行交底。

b. 通过可视化交底，对四电工程各专业设备设施具体位置、相互关系、先后顺序、材质材料、系统要求等关键信息进一步明确，确保施工人员能够严格按照项目要求高质量完成施工内容。

④基于 BIM 的可视化交底应用成果

基于 BIM 的可视化交底成果及对应的成果格式如表 6.3 所示。

表 6.3　基于 BIM 的可视化交底应用成果

提交成果	成果格式
交底模型	.rvt .ifc .nwd
交底记录	.doc
可视化模拟	.mp4

（6）投资计划

①建设单位应组织相关参与单位利用施工图设计模型，提取工程量等信息，结合项目指导性施工组织设计，编制投资计划。

②施工图设计模型中的工程量信息应符合国家和行业计量规则，模型细

度应满足编制投资计划的要求。

③建设单位宜选择适用的投资管理软件，利用施工图设计模型生成投资计划。

④投资计划应随施工组织设计的动态调整而调整。

6.4　施工实施阶段应用情况

6.4.1　进度管理

（1）主要内容

①基于 BIM 技术的四电专业进度管理应包含 WBS 分解、计划编制、资源配置、施工计划审批、实时进度上报、施工进度可视化展示、施工进度预警、施工进度及资源配置调整等。

②施工单位应通过一体化管理平台按时上报实际生产进度，相关监管单位应定期核查数据的准确性。

③通过一体化管理平台将进度计划与实际进度进行对比，对工期滞后工程按照关键点位与非关键点位发出不同的预警，找出差异，分析原因，提出改进措施，优化资源配置。

④可利用一体化管理平台推演实际进度，分析计划执行情况及其发展趋势，对未来的进度做出预测和判断，实现可视化表达。

⑤各参与单位应充分保证实时进度数据的及时性、准确性和完整性。

（2）施工进度计划

①施工单位编制施工总进度计划、年度计划、季度计划、月度计划、重要节点控制计划及材料设备供应计划等。

②四电工程项目要求全线均创建 BIM 模型，包括室内、室外设备设施 BIM 模型，模型精度要求满足现场施工应用要求。

③施工单位创建的施工进度管控 BIM 模型表，详见表 6.4。

表 6.4　进度管控模型信息表

BIM 进度管控模型信息表			
构件	基本信息	进度信息	备注
标准模型所包含构件	标准模型须包含的信息(施工区段、设备信息、施工工程量等)	计划施工时间 实际施工时间 施工持续时间 延误／提前时间 材料供应商、供应时间 主要设备计划进场时间、实际进场时间 作业人员数量(按施工段添加)施工机械数量(按施工段添加) 是否存在进度延误 是否为关键工作 ……	进度管控模型信息应视项目具体情况而定,且根据技术手段的进步不断更新。

④施工单位将施工进度计划与施工进度管控模型在进度模拟模块中进行关联,实现三维可视化施工流程、施工进度展示,输出施工进度模拟成果,分析施工进度计划编制的合理性,进行各类施工计划的调整。

⑤施工单位基于施工进度模拟成果进行施工进度交底,展示四电各专业的施工场地随时间的变换情况,以便解决施工场地空间交叉使用问题。

(3)基于一体化管理平台的施工进度预警

①由施工单位将参建单位工作节点计划、施工进度管控模型在一体化管理平台进行发布,并将两者进行关联。

②由施工单位收集、整理、统计和分析施工实际进度数据,并将实际进度信息实时录入平台上的施工进度管控模型,对重要施工节点进行预警监控,实现进度预警化管理。

③施工进度根据管控需求可以设置天、周、月、季等不同粒度,对出现施工进度预警的情况,施工承包单位应形成施工进度预警报告(详见表6.5),并提交项目参建方。

④针对预警情况,项目组应及时启动进度预警处置机制,组织各参建单位分析原因,采取积极措施赶工。

⑤施工单位根据项目进度分析结果、进度预警信息、实际赶工情况,调整后续进度计划,并更新施工进度管控模型。

表 6.5　施工进度预警报告表单

项目名称:		备注			
时间:					
施工部位:	预警级别:	进度依据	延误详情	延误原因	改进措施
	□ 蓝色预警 □ 黄色预警 □ 橙色预警 □ 红色预警	(所依据的施工进度计划版本)	1. 计划施工时间 2. 实际施工时间 3. 延误时间		
项目组意见:					
监理单位意见:					
BIM 咨询单位意见:					
施工总承包单位意见:					
分包单位意见:					
说明:	蓝色预警: a. 工期延误在可控状态。b. 进度滞后属于建设单位自身原因。 黄色预警: a. 参建单位进度管理混乱,人力、施工机械配备和材料设备供应不能满足工期要求; b. 实际工期延误达到 10 天(或总工期的 5%)以上。 橙色预警: a. 启动黄色预警 10 天后仍无明显改进; b. 实际工期延误达到 20 天(或总工期的 10%)以上。 红色预警: a. 启动橙色预警 10 天后仍无明显改进; b. 实际工期延误达到 30 天(或总工期的 15%)以上。				

（4）基于一体化管理平台的施工进度管理

①利用一体化管理平台展示四电工程的施工进度 BIM 管控模型,将施工现场实景照片与施工进度管控模型关联,更直观分析现场施工进度。

②施工单位宜在一体化管理平台根据进度计划安排定期上报满足现场施工进度所需人、材、机数量,进行施工进度保障资源动态管理,监理单位、项目组进行督查。

③施工单位宜在一体化管理平台标记进度滞后施工区域,对造成进度滞后的因素进行针对性数据统计,以数据作为调整决策的依据,并组织参建单位深入分析滞后原因,确定消除滞后措施,给出消除时限。

④分部分项工程作为进度完工的直接对象,对于完工区域应在施工进度管控模型中标示。

⑤对于由设计变更、设计内容增加造成的施工进度计划变更，施工参建单位应及时更新进度计划，并对施工进度管控模型进行相应调整，并由施工单位完成进度计划变更报批流程。

⑥对于非施工原因造成的工期延误，施工单位应依据施工承包合同及相关协议条款，及时向监理单位、项目组做出书面报告。

⑦项目组作为项目施工进度控制的组织核心，应密切关注基于平台的进度分析情况、现场施工进度情况、现场施工赶工情况等。

(5) 实施准备工作综合检查规范

①四电工程 BIM 实施准备工作的综合检查由建设单位组织开展。

②所有 BIM 技术实施单位均应接受四电工程 BIM 实施准备工作综合检查。

③实施准备工作综合检查内容包括工程管理平台、四电工程 BIM 实施团队和四电工程 BIM 实施软硬件，具体检查内容详见表6.6。检查项不合格时，须由相关 BIM 实施单位进行整改，直至合格为止。

表 6.6　四电 BIM 实施资源综合检查表

检查项	检查内容	是否合格
一体化管理平台	1. 平台服务器安置完成	
	2. 工程项目管理平台部署完成	
	3. 工程项目管理平台功能正常	
	4. 相关人员权限设置完成	
BIM 实施团队	1.BIM 团队人员全部到位	
	2.BIM 团队人员分工明确	
BIM 实施软硬件	1. 具备模型创建、模拟、存储等硬件设备	
	2. 现场具备网络条件，保证协同工作	
	3. 建模、模拟等软件已安装完成	
	4. 相关软件的版本满足四电专业的统一要求	

④所有检查项都通过检查，BIM 实施单位才能正常开展 BIM 实施工作。

6.4.2　质量管理

(1) 主要内容

①基于 BIM 技术的质量管理主要包括施工流程管理、工序质量验收管

理、工序流转以及控制管理、质量问题及缺陷管理、质量证明文档管理等。

②基于 BIM 技术的质量管理应在一体化管理平台上与进度、投资、安全、物资等建立必要的数据交互机制，保证信息的关联性和协同性。

（2）管理目标

①利用 BIM 技术对四电各专业质量问题进行展示和分析，实现质量问题与模型相关联，利用 BIM 模型优化工程项目质量管理方法。

②利用 BIM 技术的可视化、模拟化特性，对施工复杂部位进行施工方案可视化交底、展示特殊工艺方法，减少施工质量问题。

（3）基于 BIM 的质量管控点

①开工前，施工单位和监理单位应进行施工现场质量管理检查，并记录相关检查情况。

②设备的安装是施工质量管控的核心内容之一，在设备布置的重点部位进行设备模型创建，对管线安装和洞口预留进行协调，避免对所安装设备的任意移位，保证安装质量。

③施工单位宜利用一体化管理平台，对设备安装进行完整性、正确性检查。

④四电工程项目现场实施过程中应根据现场实际情况，对质量管控重、难点内容进行适当调整。

（4）施工质量管理方法

①施工单位应利用 BIM 模型开展常态化现场质量检查，将验收检查点对应到模型的相关部位。

②在现场工序检查中监理单位应利用 BIM 模型进行工序检查，将检查结果添加到 BIM 模型中，检查结果合格可以开展下一道施工工序。

③应对隐蔽工程和关键工序进行重点检验，隐蔽工程应按照规定留存影像资料。隐蔽工程影像资料应包括验收时间、部位、内容、施工单位、检验人员等信息，影像资料应清晰。

④施工单位、监理单位的施工质量管理人员应在一体化管理平台发布施工现场质量管控信息。

⑤施工单位将施工重难点部位检验批检查记录、分项工程质量验收检查记录等上传一体化管理平台，检查记录与验收报告的信息与模型关联。

⑥监理单位对上传一体化管理平台的质量管理资料基于平台进行审核，

形成全过程管理记录，提升项目数据管理质量和效率。

6.4.3 安全管理

（1）主要内容

①各参与单位应积极参与施工过程中的安全管理，依据四电工程施工安全管理的目标、任务和需求，建立指导方案，大力推广 BIM 技术在施工生产中的应用，提高施工过程安全管理水平。

②基于一体化管理平台，采用自动化、信息化、远程视频监测等技术可以有效控制危险源。

③各参建单位宜采用 BIM 模型进行安全技术交底，与信息化流程管理相结合，强化安全责任意识，提高安全交底的指导性、可操作性及过程监督的可追溯性。

④各参建单位可采用 VR（VirtualReality）、AR（AugmentedReality）等技术，利用施工图深化设计模型进行施工工序、操作方法及易发生险情环节等虚拟展示，实现可视化安全教育培训；针对操作复杂的大型设备以及危险系数较高的施工工序，施工单位可搭建可视化仿真系统，用于特种作业人员的岗前培训。

（2）安全管理措施

①建设单位组织各参建单位编制工程安全管理规划，确定基于四电 BIM 的工程安全管控任务内容。

②施工单位在施工 BIM 标准模型基础上创建施工 BIM 安全管控模型。

③施工单位在施工 BIM 安全管控模型中标记潜在危险源，创建安全管控措施，通过可视化交底手段在施工前对施工作业人员进行危险源辨识交底。

④项目组审核施工 BIM 安全管控模型的完整性、专业性、可行性、合理性。

⑤根据项目管理需求，施工单位将安全管控模型转换成一种或几种通用文件格式（如：RVT、IFC、NWD、DWF、IGMS 等格式）。

⑥安全管控模型的数据输出格式包括视频、图片、报告等。

⑦施工现场安全管理人员利用安全管控模型输出数据与现场安全文明施工情况进行比对，辅助施工现场巡检。

⑧施工现场安全管理人员收集施工现场巡检数据，在一体化管理平台形成督办事项，落实责任人，实现基于平台的安全问题闭环管理模式。

（3）安全管理应用

①基于 BIM 的安全教育培训

a. 在一体化管理平台，实现施工 BIM 安全管控模型轻量化浏览，为项目安全管理提供轻量化模型数据基础。

b. 根据安全管理需要创建安全四电 BIM 模型，结合 VR（虚拟现实）对现场作业人员进行安全培训，加强自我安全管理意识。

②基于 BIM 的安全措施检查

a. 施工单位将危险性较大的施工步骤所对应的安全管控措施固化在施工 BIM 安全管控模型中，实现安全管控数据共享。

b. 现场安全管理人员基于移动端巡检安全专项方案落实情况。

③基于 BIM 的安全文明施工检查

a. 施工单位将重点检查并落实安全工作内容，将四电工程施工过程中屡查不禁的安全事故所对应的防范措施固化在施工 BIM 安全管控模型中，并将模型上传至一体化管理平台。

b. 项目组、监理单位检查施工现场安全管理落实情况。

c. 监理单位须将安全文明施工检查结果上传至一体化管理平台并与模型关联。

④应急指挥

在发生紧急事件时，根据应急预案，快速打通现场监控、连接无人机视频，通知相关单位和人员，实现专家领导可视指挥，并能根据视频反馈的现场信息，添加必要专家、工作人员入会，同时支持监控画面入会、无人机拍摄画面入会，让现场会议画面交互，实现快速决策和调度，让决策更加果断和精准。

6.4.4　物资设备管理

施工单位宜利用 BIM 模型对施工生产中用到的物资及机械进行管理，以提高管理效率，实现信息化及可视化追踪。

（1）施工图深化设计模型应包含用于生产的物资清单、规格、数量、生产厂家等信息。

（2）用于施工方案模拟的施工深化模型应包含主要的施工机械设备信息，包括名称、型号、生产厂家、性能状态、维修保养记录等。

（3）各参与单位应充分应用 BIM 模型完成物资及机械的数量统计、采购或租赁、库存、核算管理等动态跟踪工作。

6.4.5 工程量统计

（1）工程数量管理

各参与单位应利用施工图设计模型或施工图深化设计模型开展项目工程数量管理。

①基于 BIM 模型的工程数量管理，主要包括：基于施工图设计模型的工程量、基于施工设计深化模型用于成本管理的工程量、已完工工程量、剩余工程量等。

②施工图设计模型或施工图深化设计模型应满足各相关参与单位的算量需求，工程算量规则应满足现行铁路工程量计量规则的相关要求。

③建设单位根据项目施工生产进度，按建设管理要求，通过一体化管理平台获取已完工程量、剩余工程量。

④施工单位根据项目施工生产进度及自身管理需要，通过一体化管理平台获取已完工程量、剩余工程量。

（2）验工计价管理

①在获取已完工程量的基础上，各参与单位应通过一体化管理平台按投资管理周期完成验工计价。

②发生设计变更的项目，应按照设计变更管理流程更新模型、调整工程量，依据铁路工程变更设计管理办法办理验工计价。

③各参与单位宜按照铁路工程建设管理要求在一体化管理平台上完成验工计价的申报、审批、核备等工作。

（3）在进行工程量统计时，还须满足下列要求：

①统计构件的工程专业类别。

②统计构件的数量信息。

③对包含尺寸信息的构件信息梳理。

④统计所在的项目实施阶段。

⑤统计构件所在区域（如楼层、功能区等位置信息）。

6.4.6 构件工厂化制造

施工阶段的 BIM 技术应用，宜利用 BIM 技术提高构件预制加工能力，利用智能加工设备、物联网等先进技术实现数字化加工，提高工厂化生产水平，降低污染，节约环保。

（1）施工单位提交给加工厂的施工图深化设计模型应具有完备的几何与非几何信息，保证模型可用于数字化生产。

（2）用于数字化生产的模型应正确反应构件的定位及装配顺序，能够达到虚拟演示装配过程的效果。

（3）用于数字化生产的模型应经过严格的审核，确认无误后方可提交加工厂。

（4）选用的数字化生产软硬件应满足加工厂产能、设备、管理模式等要求，并保证能完整的读取模型信息。

（5）用于数字化生产的模型应能生成包含预制件编码的加工图，实现工厂化制造和高效安装。

6.4.7　竣工验收

（1）竣工验收前，将项目实施过程中的各类变更及其他相关施工信息录入施工模型中，构建 BIM 环境下的施工信息库，从而为项目数字化验收奠定基础。

（2）正式进行竣工验收时，将竣工验收信息添加到施工模型，并根据项目实际情况进行修正，以保证模型与工程实体的一致性。

（3）针对竣工模型，确保模型与竣工图保持一致，对于不合格的模型和应用，明确不合格的具体细节并出具整改意见和整改时间，监督各责任方整改直至符合要求，进而形成竣工模型，以满足交付及运营基本要求。

（4）模型不符合要求时应返工或更换构配件和设备，仍不符合要求，严禁验收。

（5）竣工模型的属性包括建模对象、创建者、所有者、交付格式、包含的信息等。

6.4.8　BIM 交付成果

（1）利用 BIM 技术实现施工过程三维模型、数据及相关文档的数字化交付，施工建造过程中施工单位向建设单位提交的 BIM 技术应用成果，应满足施工进度要求、满足规定的成果提交时间节点要求。

（2）交付的数据包含工程对象的几何属性和非几何属性，数据范围涵盖了设计、采购、施工全过程；交付的文档应包括图片、图纸资料、设备安装说明书、关键调试过程记录等，此类数据按照一体化管理平台的文档格式要求进行规范整理后交付。表 6.7 为基本交付内容。

表 6.7   施工阶段 BIM 成果交付清单

序号	阶段划分	BIM 技术应用	交付成果
1	施工准备阶段	各单位编制《施工 BIM 实施方案》	施工 BIM 实施方案
2		室内外管线冲突检测及管线综合	碰撞检测报告及优化报告
3		竖向净空优化	净高检测分析优化报告
4		虚拟仿真漫游	漫游动画视频文件
5	施工实施阶段	标准模型创建	施工 BIM 标准模型
6		施工深化设计	施工深化图及深化节点详图
7		基于 BIM 的施工方案优化	施工虚拟建造视频；施工方案优化报告
9		进度管控	施工进度分析模型；施工进度控制报告
10		施工管线洞口预留预埋	洞口预留预埋模型及洞口数量统计报表
11		重要工程量统计	重要工程量统计报告
12		设备安装模拟	设备运输、吊装、安装合理施工方案
13		设备与材料管理	基于模型输出设备材料表；施工设备与材料物流信息添加模型
14		质量与安全管理	施工质量安全管控模型；施工质量检查与安全分析报告
15	竣工移交阶段	竣工模型创建	竣工模型

第7章　智能高铁四电工程施工建造平台

7.1　平台概述

以铁路站后四电工程为基础，以提高建设施工管理水平为驱动，以四电 BIM 技术应用研发为主要手段，坚持自主创新与二次开发相结合，依据 BIM 相关 IFC、IFD、LOD 标准，构建完善的四电 BIM 族库，开发符合"四电"专业特点的主要基于 BIM 技术的智能高铁四电工程施工建造平台。

7.2　平台架构

智能高铁四电工程施工建造平台包含 1 个 BIM 基础模块即族库管理模块；4 个施工管理模块，即设备管理、日志管理、进度管理和检验批管理模块；3 个施工应用模块，即线缆敷设优化、施工碰撞和工艺工法可视化交底模块，涵盖施工阶段各项管理工作和部分实际应用，深化 BIM 技术在铁路四电施工过程中的应用，为项目管理提供决策支持，加强施工工作协调，完善施工周期管理，达到提高施工效率，节约施工成本的目的。铁路四电工程管理平台架构体系如图 7.1 所示。

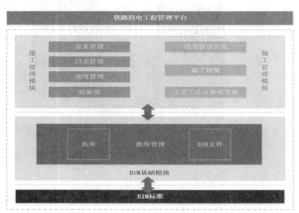

图 7.1　铁路四电工程管理平台架构体系

➤ 族库及 BIM 文件管理

通过专业高效的四电 BIM 引擎，满足铁路四电 BIM 设计、施工巨规模、线状大文件、大图纸的整体展示需求；具备模型文件的多终端、无插件在线浏览功能和云端存储、远程下载等丰富功能。族库及 BIM 文件管理主页如图 7.2 所示。

图 7.2　族库及 BIM 文件管理主页

➤ 四电 BIM 设备管理

通过 BIM 技术和物联网技术的融合，建立立体、协同、高效的设备管理系统，通过设备信息关联 BIM 模型，并赋予设备专属二维码，实现设备信息快速浏览、分类管理及全过程状态追溯。四电 BIM 设备管理主页如图 7.3 所示。

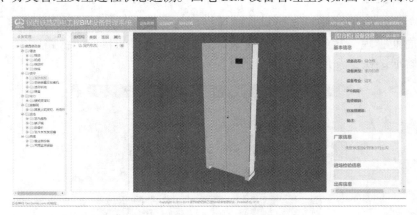

图 7.3　四电 BIM 设备管理主页

➤ 基于施工日志的进度管理

建立了网络日志协同管理模式，支持各单位、各专业间的相互协调，解决传统日志管理中存在的问题，同时，用电子二维及三维进度图替代了传统的手绘进度图，做到施工过程及进度的实时全过程监督，实现了项目的精细化管理，进度管理主页如图 7.4 所示。

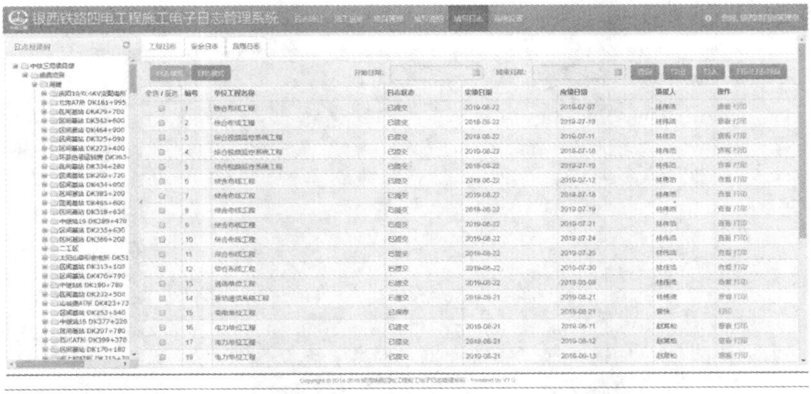

图 7.4　基于施工日志的进度管理管理主页

➢ 验批管理

根据最新版本的铁路"四电"工程施工质量验收标准，研发铁路站后"四电"工程检验批管理系统，由大到小划分为单位工程、分部工程、分项工程、检验批四个层级。通过终端录入验收数据，生成检验批验收信息，验收数据包括检验批基本信息和依赖于施工质量验收标准规定的验收结论。不管处于哪个阶段，都可查看检验批信息，让用户更加直观地了解到项目验收情况，掌控工程整体进展和质量。电子检验批管理主页如图 7.5 所示。

图 7.5　电子检验批管理主页

➢ 线缆智能敷设优化

采用 BIM 技术和 RRT* 算法，在三维视图下进行智能布线优化，解决了线缆布放规划复杂，工艺要求高，施工工艺难于掌握等问题，成功避免了施工过程中扭绞等问题的发生，同时实现了布线路径最优化。线缆智能敷设优化界面如图 7.6 所示。

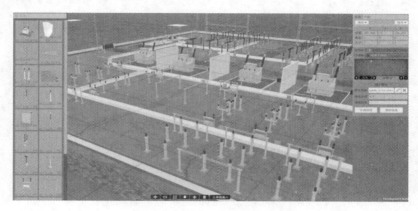

图 7.6　线缆智能敷设优化界面

➢ 基于 BIM 的施工碰撞检测

施工人员可根据《BIM 施工碰撞检测及优化方案》的视频内容对现场施工进行分析及预判，提前规避施工过程中由于实体相交所造成的无效工作，对无法避免的碰撞关系进行优化参考。基于 BIM 的施工碰撞检测如图 7.7 所示。

图 7.7　基于 BIM 的施工碰撞检测

➢ 基于 BIM 的可视化交底

施工人员可根据《BIM 的可视化交底》的视频内容对现场施工进行分析及预判，提前规避施工过程由于施工不当所造成的无效工作。基于 BIM 的可视化交底界面如图 7.8 所示。

图 7.8 基于 BIM 的可视化交底界面

7.3 平台功能

7.3.1 族库及 BIM 文件管理

四电工程的族库及 BIM 文件管理系统模块，基于 WebGL 绘图技术标准，采用轻量化、流式加载、硬件加速技术，将工程的各种三维模型的组织结构、属性信息、几何图形，转化为统一格式的轻量化模型构件，实现工程结构、属性、几何图形数据的自动关联提取，并转换为统一格式的轻量化三维模型构件，支持浏览 BIM 几何模型、查看模型信息、漫游、剖切显示、设备分组拾取显示和隐藏等多种功能。并通过技术手段，解决铁路工程 BIM 文件独有巨规模线状文件存在解析、加载、显示慢的问题。

四电工程的族库及 BIM 文件管理系统角色分为公司管理员、项目管理员、信息填报人员三种角色。各个角色在系统中所拥有的权限如下：

公司管理员可查看该系统所有的 IFC 数据信息、大文件模型信息及对应的属性信息；管理系统用户，为系统用户添加合适的角色。

项目部管理员可查看该系统所有的 IFC 数据信息；审核由信息填报人员提交的 IFC 数据信息、大文件数据信息，模型属性信息。

信息填报人员可添加 IFC 数据信息、模型，大文件数据信息，模型及相应的属性信息，大文件绑定 BIM 模型。信息添加后报项目部管理员审核。

（1）BIM 类型管理

在《铁路工程信息模型数据存储标准（IFC）》的基础上，根据铁路四电专业的特点，研究分析不同专业所需的构件资源，扩充铁路四电特有的专业领域类，定义分类属性，完善铁路四电设备的分类编码（IFD），对银西四电

BIM 族库进行科学分类管理。

（2）IFC 数据管理

通过 IFC 数据管理模块，对银西铁路四电专业 BIM 模型及模型对应的标准信息进行管理，具有对族库文件进行修改、删除、导入等功能。同时，具有族库文件标签及属性的新增、修改、删除等操作功能。支持不同用户对族库进行优化验证。基于轻量化引擎，满足多终端无插件在线浏览模型及远程查看与下载。并保留族库文件与工艺工法设备对应的接口。

（3）大文件管理

通过大文件管理模块，根据所属项目、标段、工区、工点等结构对 BIM 设计文件及 BIM 施工文件进行管理，采用分段加载、瓦片、网格等技术对大图纸、大模型进行异步多线程加载，解析巨规模线状类型的铁路四电 BIM 设计文件和铁路四电 BIM 施工文件，保证大文件、大图纸 BIM 模型的展示、下载速度。

（4）机构管理

机构管理功能包括机构添加和机构列表两部分，可以通过点选对机构信息进行添加、修改、删除等操作。

（5）用户管理

用户管理包括用户列表和用户添加两部分，可以通过点选对用户信息进行添加、修改、删除等操作。

7.3.2　四电 BIM 设备管理

四电 BIM 设备管理系统模块是以设备管理为主线，以设备验交为标志，在工程管理平台中按二维码标签的管理模式对设备进行管理，贯穿整个四电工程建设，全面展现设备的施工过程信息。基于二维码技术，实现从设备到货、安装及试验完成全过程可追溯。通过设备绑定的 IFD 编码，将设备信息与 BIM 模型挂接，可进行设备浏览、分类管理，以便快速精确查找所需设备资料，实现设备的立体、可视、协同、高效的信息化管理。同时系统采用 H5 技术研发了移动端 APP，可通过手持设备扫描设备二维码，查看及编辑设备出厂、安装等各阶段信息及设备状态。

四电工程的设备管理系统角色分为公司管理员、项目管理员、供货商、材料员、技术员。各个角色在系统中所拥有的权限如下：

公司管理员可查看该系统所有的设备信息，包括设备的厂家信息、安装信息、出入库信息、模型信息；管理系统用户，为系统用户添加合适的角色。

项目部管理员可查看该系统所有的设备信息，包括设备的厂家信息、安装信息、出入库信息、模型信息。

材料员可创建设备，填写设备基本信息和出入库信息。

供货商可填写已创建设备的厂家提供信息。

技术员可填写已创建设备的安装信息。

（1）设备类型管理

根据公司现场需求，结合铁路四电专业的特点，通过研究分析现场不同专业对于设备管理的要求，定义设备类型，确定设备属性，对银西四电 BIM 设备进行科学分类管理。

（2）设备管理

通过设备管理模块，对银西铁路四电专业设备信息进行管理，具有对设备信息进行修改、删除、导入、导出、生成二维码等功能。通过扫描二维码，可查看、完善设备厂家、安装、出入库信息。同时，可在线浏览设备管理模型信息。

（3）机构管理

机构管理功能包括机构添加和机构列表两部分，可以通过点选对机构信息进行添加、修改、删除等操作。

（4）用户管理

用户管理功能包括用户添加和用户列表两部分，可以通过点选对用户信息进行添加、修改、删除等操作。

7.3.3　基于施工日志的进度管理

基于施工日志的进度管理模块，基于施工现场工程日志、安全日志、监理日志，同时满足现场进度管理的需要，实现在线填写各类日志，可查询、导入、导出、修改、查看日志。通过提取工程日志中关于进度模块的数据，实现工程二维、三维进度展示。

四电工程的日志管理角色分为公司管理员、项目管理员、单位工程、安质人员、监理人员：

公司管理员可查看该公司下所有人员项目的日志填写情况，可创建项目、项目负责人；

项目管理员可查看该公司下的所属项目的所有人员日志填写情况,可创建部门、部门负责人;

单位工程人员 / 安质人员 / 监理人员仅个人日志填写、查看。上一级易可进行下一级操作(仅限部门、所属用户创建),即项目负责人可创建部门、部门负责人、单位工程、所属单位工程人员。

(1)项目管理

用于系统添加项目信息,包括基本信息、施工技术负责人信息、主要施工文件图纸信息、施工联系单位信息。根据现场实际施工情况可修改项目施工状态,包括未开工、已开工、暂停、停工、冬休、已完工。

(2)日志填写

根据提供的工程日志、安全日志、监理日志模板填写日志,同时工程日志可填写施工进度。

(3)施工进度

通过提取工程日志中填写的施工进度数据,对数据进行匹配处理,包括编号匹配、里程匹配、图形填充计算、着色等,使数据能够与二维、三维进度图相契合,真实、正确地通过图形反映项目的施工进度。

(4)日志统计

用于统计当前项目部各专业下单位工程的工程、安全、监理日志数量。

根据项目开工、项目开工日期、项目竣工日期、各专业人员日志填写统计。柱状图显示各专业日志填报、未填报数量。柱状图底专业与左侧树形菜单及各单位工程人员专业一致;左侧树形菜单可根据专业、单位工程查询日志填写,可根据时间段查询日志。

(5)机构管理

机构管理功能包括机构添加和机构列表两部分,可以通过点选对机构信息进行添加、修改、删除等操作。

(6)用户管理

用户管理功能包括用户添加和用户列表两部分,可以通过点选对用户信息进行添加、修改、删除等操作。

7.3.4 检验批管理

检验批是施工质量验收的基础,提高检验批验收的操作水平,是贯彻强化验收过程控制的基本点。传统检验批管理存在资料整理不方便、占用空间大、费时费力，资料容易丢失，各工程部门实时联动不方便，沟通效率低等问题。铁路四电工程检验批管理系统使用信息化技术，方便、快捷地管理四电各专业施工检验批信息。

检验批管理系统角色分为系统管理员、公司管理员、项目管理员、普通用户。

系统管理员、公司管理员可查看该公司下所有单位工程、分部工程、分项工程、检验批数据；项目管理员可查看该公司下的所属项目的所有单位工程、分部工程、分项工程、检验批数据，可创建项目目录树，生成对应的单位工程、分部工程、分项工程，具有可添加检验批的权限。

（1）菜单管理

菜单模块包括菜单、检验批管理、菜单树等功能。主要用于检验批属性维护和目录树管理及生成。

（2）检验批管理

检验批管理包括单位工程、分部工程、分项工程及检验批数据管理。

（3）统计分析

以单位工程为单位，统计各单位工程下分部工程的合格数量和不合格数量。

（4）机构管理

机构管理功能包括机构添加和机构列表两部分，可以通过点选对机构信息进行添加、修改、删除等操作。

（5）用户管理

用户管理功能包括用户添加和用户列表两部分，可以通过点选对用户信息进行添加、修改、删除等操作。

7.3.5　线缆智能敷设优化

通过建立四电设备、桥架、线槽、线缆等的 BIM 信息模型，根据设计图纸的规划布置，结合 BIM 特有的碰撞检测、施工工艺工法以及 RRT* 算法，实现线缆敷设的自动排位排序。在尽量避免线缆交叉的情况下，确保线缆敷设的路径最优化；同时以三维形式对整个线缆敷设过程进行模拟和演示，并生成包含路由、长度、线缆规格型号的线缆清单，可以提高施工效率及施工工艺水平。

线缆智能敷设优化是将制作的 BIM 模型导入库中，依据图纸设置 BIM

布线场景、电缆沟和配线端子，根据电缆敷设算法自动生成线缆配线表及系统配置文件，并同步输出视频文件对配线过程和工序进行模拟演示。

（1）BIM 模型配置加载

将制作好的 BIM 模型直接拷贝至库文件中，启动系统时模型将自动加载并对模型进行设置。模型加载及设置界面如图 7.9 所示。

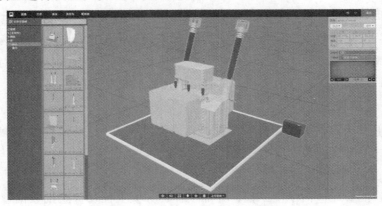

图 7.9　模型加载及设置界面

（2）电缆沟绘制

选择一块地面作为参考标准，进行线缆沟的绘制，对绘制完成的电缆沟进行线缆沟配置；选择参考标准界面、绘制线缆沟界面和线缆沟配置界面分别如图 7.10、7.11、7.12 所示。

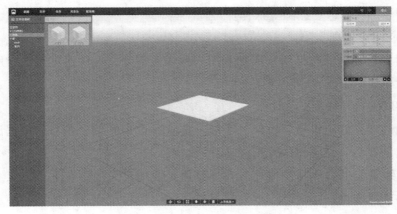

图 7.10　选择参考标准界面

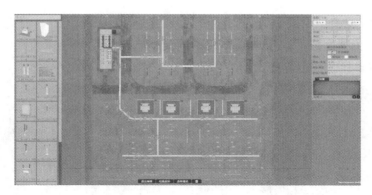

图 7.11　绘制线缆沟界面

图 7.12　线缆沟配置界面

（3）配线端子配置

若电缆沟铺设完毕，则可以进行配线端子的设置，每个设备都可以作为单独的配线端子，选中配线端子后选择终点物体即可完成线缆铺设。线缆铺设界面如图 7.13 所示。

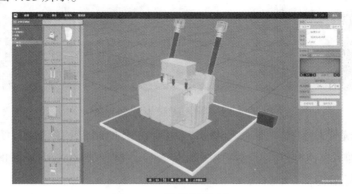

图 7.13　线缆铺设界面

（4）线缆类型设置

以上步骤完成后，根据线缆的不同类型选择线缆半径以及线缆的颜色。选择线缆半径及颜色界面如图7.14所示。

图 7.14　选择线缆半径及颜色界面

（5）导入配线表自动生成线缆

将配置好的配线表数据导入系统，系统将自动完成线缆敷设。导入配线表数据界面如图7.15所示。

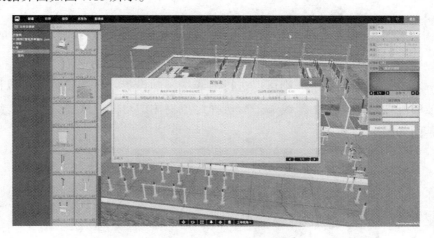

图 7.15　导入配线表数据界面

本系统模块根据《甜水堡牵引变电所二次控制保护图》，系统生成基于BIM的三维牵引变配电所及室内三维模型、系统绘制电缆沟、根据配线图自动生成线缆敷设。

7.3.6　基于 BIM 的施工碰撞检测

BIM 施工碰撞检测是施工规划预演的重要内容，科学、合理的施工碰撞检测及优化对于提高生产效率、降低成本、保证施工安全等方面起着十分重要的作用。施工人员可根据《BIM 施工碰撞检测及优化方案》的视频内容对现场施工进行分析及预判，对预演产生的碰撞关系进行优化，提前规避施工碰撞。图 7.16 为中继站模型，图 7.17 为中继站外观展示，图 7.18 为中继站信号室施工要求示意图，图 7.19 为基站预埋管路铺设方案示意图。

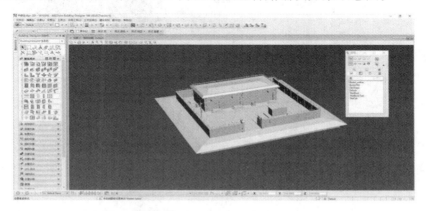

图 7.16　中继站模型

图 7.17　中继站外观展示

图 7.18　中继站信号室施工要求示意图

图 7.19　基站预埋管路铺设方案示意图

针对铁路四电基站、中继站、AT 所、牵引变电所等九类标准站房进行 BIM 施工碰撞检测，涵盖通信、信号、供电、变电专业的设备及预埋管线，主要包括通信机房、信号机房、供电机房、变电机房等。另外，为了配合整体站房的施工碰撞检测，对站房内的检修室、设备室、值守室、通讯防灾室、休息室、电缆间、工具室、资料室等房间的管线预埋信息也进行了碰撞检测。

在站后四电工程实际应用中，BIM 施工碰撞检测共计发现箱盒预埋类碰撞位置 39 处，发现照明类线预埋碰撞位置 43 处，插座类预埋碰撞位置 27 处，配电干线及设备配电预埋碰撞位置 23 处，其他（风机、空调、消防等）预埋碰撞位置 40 处。图 7.20 为分区所碰撞示意图，图 7.21 为 AT 所碰撞示意图，图 7.22 为中继站碰撞示意图，图 7.23 和图 7.24 为运转楼碰撞示意图。

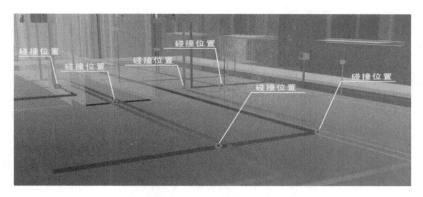

图 7.20　分区所碰撞示意图

图 7.21　AT 所碰撞示意图

图 7.22　中继站碰撞示意图

图 7.23 运转楼碰撞示意图（1）

图 7.24 运转楼碰撞示意图（2）

根据 CAD 设计图用 Bentley 软件进行 BIM 模型制作，通过 3DMAX 软件对 BIM 模型进行优化处理及动画制作，最后使用 After Effects 及 Premiere 等软件进行后期合成输出成高清和标清两种规格的视频格式，以满足电脑端及手机端正常播放的需求。

7.3.7 基于 BIM 的可视化交底

BIM 的可视化交底是施工现场设计的一项重要内容，科学、合理的可视化交底对于提高生产效率，降低成本，保证施工安全和文明施工等方面起着十分重要的作用，是保障工程顺利实施的重要条件。施工人员可根据《BIM 的可视化交底》的视频内容对现场施工进行分析及预判，提前规避施工过程由于施工不当所造成的无效工作。图 7.25 为施工流程图，图 7.26 为材料要求示意图，图 7.27 为转辙机及杆件安装示意图，图 7.28 为确实安装条件示意图，图 7.29 为秘贴检查器安装示意图，图 7.30 为施工结束示意图。

图 7.25　施工流程图

图 7.26　材料要求示意图

图 7.27　转辙机及杆件安装示意图

图 7.28　确实安装条件示意图

图 7.29　秘贴检查器安装示意图

图 7.30　施工结束示意图

　　该项目中 BIM 的可视化交底,采用 Bentley 软件进行模型制作,再通过 3DMax 软件对数字模型进行优化处理及动画制作,最后使用 After Effects 及 Premiere 等软件进行后期合成输出成高清和标清两种规格的视频格式以满足电脑端及手机端正常播放的需求。

7.3.8　GSM-R 网络覆盖优化

GSM-R 移动通信网络覆盖优化模块使用信息化手段, 融合无人机、BIM+GIS 和 GSM-R 无线信道模型等技术, 将 G 网系统覆盖通过 BIM 模型可视化呈现。通过对 G 网系统的组网方案模拟和计算, 实现了对 G 网系统组网方案的优化。图 7.31 为各参数调整界面, 图 7.32 为模拟跑车计算场强界面。

图 7.31　各参数调整界面

图 7.32　模拟跑车计算场强界面

通过在 GIS 地图上加载 BIM 模型, 结合自修正信道模型算法, 模拟全线路 G 网覆盖, 计算并实时显示任一点场强, 对整个覆盖情况进行判别, 无线场强低于接收灵敏度或上下行链路预算不平衡时, 给出相应解决建议, 采用调整俯仰角、基站发射功率及基站天线高度的方式, 重新计算覆盖。

GSM-R 网络覆盖优化系统立足铁路工程 GSM-R 组网建设实际, 把微观领域的 BIM 信息和宏观领域的 GIS 信息进行交换与结合, 通过 3D 可视化的模拟实现对 GSM-R 组网覆盖设计方案的优化, 有效地减少建设过程中调整测试次数、减少人力及时间等资源投入。图 7.33 为单车模拟及调整, 图 7.34 为模拟跑车测试场强。

图 7.33　单车模拟及调整

图 7.34　模拟跑车测试场强

7.3.9　接口管理

四电系统集成接口涉及面广、数量多，技术跨度大、复杂、稳定性差。传统接口管理方式更是存在信息沟通手段落后，沟通方式存在缺陷，缺乏业主的参与和控制，信息流失，信息加工利用的深度不够等问题。通过开发四电集成工程接口管理软件，对四电所有内外部接口的数量、进度等进行统计、管理，实时查看当前接口状态，避免接口施工过程中的差、错、漏、返工等问题，并能及时发觉隐患不足与质量缺陷，通过成因分析快速地处理与解决矛盾问题，实现零缺陷管控。同时在管理过程中展示和明确接口标准、参数、技术重难点、职责归属等，加强对四电集成工程内外部接口的管控，保证四电设备安装及运行的稳定性。

项目部管理员拥有本项目部最大的管理权限，可以管理本项目部的每个部门，每个部门的工作人员，可以查看本项目部所有接口统计、接口任务、接口属性、系统设置各个模块的每个功能。项目管理员拥有本项目部接口任务管理的最高权限功能：检查、已整改、已完成、修改、删除，即可以检查本项目部所有接口任务，进行合格或不合格标识；可以对本项目部所有不合格的接口任务整改后检查，修改接口任务状态为合格；可以对本项目部所有未完成的接口任务检查后修改状态为已完成，从而进行接口任务检查；对本项目部所有接口任务进行修改、删除。接口任务列表界面如图 7.35 所示。

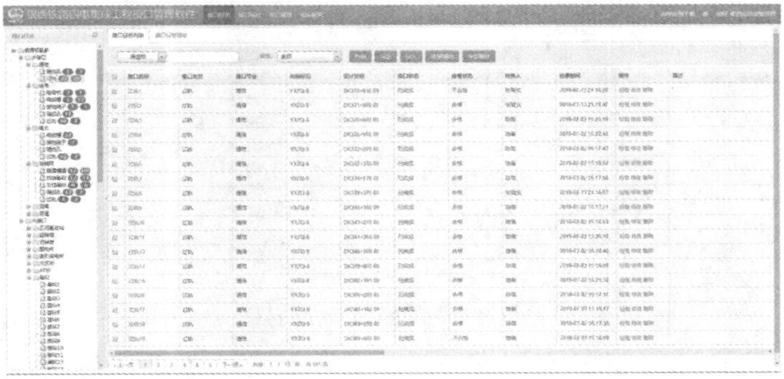

图 7.35 接口任务列表界面

四电技术人员角色可以由系统管理员建立系统数据（项目部人员不可修改），也可以由项目部管理员建立非系统数据（项目部拥有权限人员可修改）。由本项目部管理员为四电技术人员角色分配工作人员。四电技术人员分别拥有查看本专业接口统计、接口任务的权限。查看接口任务的功能：检查、已完成。即可以检查本项目部当前技术人员专业对应接口任务，进行合格或不合格标识；可以对本项目部当前专业对应未完成的接口任务查看后修改状态为已完成，从而进行接口任务检查。外接口检查界面和内接口检查界面分别如图 7.36、图 7.37 所示。

图 7.36 外接口检查界面

图 7.37　内接口检查界面

　　房建技术人员角色可以由系统管理员建立系统数据（项目部人员不可修改），也可以由项目部管理员建立非系统数据（项目部拥有权限人员可修改）。由本项目部管理员为房建技术人员角色分配工作人员。房建技术人员分别拥有查看本专业接口统计、接口任务的权限，查看接口任务的功能：已整改、已完成。即对四电技术人员检查后接口任务检查状态为不合格的接口任务进行整改，并设置接口任务状态为已整改；可以对本项目部未完成的接口任务安装完毕后修改状态为已完成，由四电技术人员进行接口任务检查。接口统计界面和检查属性列表界面分别如 7.38、7.39 所示：

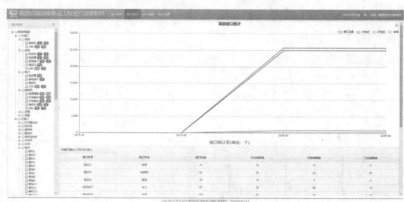

图 7.38　接口统计界面

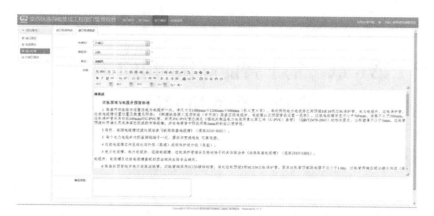

图 7.39　检查属性列表界面

接口管理软件在银西铁路甘宁段 ZHSD 联合体项目部已投入使用，解决了传统接口管理信息沟通手段落后、沟通方式单一、缺乏业主的参与和控制、接口信息流失接口信息加工利用的深度不够、"信息孤岛"等问题。通过利用信息化手段，实现各部门、专业之间协同工作，建立基于网络的接口协同管理系统，提高接口施工效率，加强接口施工管控。

实施精细化管理，做好全过程监督，定期实施现场巡查检验、抽样检查，完善宏观调控，进而及时地发觉隐患不足与质量缺陷，通过成因分析快速地处理与解决矛盾问题，实现零缺陷管控。

第8章　基于智能高铁四电工程施工建造平台的协同管理

8.1　协同设计

8.1.1　铁路工程 BIM 协同设计平台的构建

铁路工程专业众多，涉及 20 余个专业，而各个专业根据本专业的特点往往选择不同的 BIM 设计软件，不同的设计软件必然导致软件间数据交互困难。即使存在一个超级软件（实际上不可能）能解决各专业的问题，由于铁路工程体量巨大，直接采用原始模型协同仍然存在很大的障碍，而且在不同设计院或部门协同设计时存在知识产权的隐患。理想的方法是通过 IFC 实现各软件的数据交换。事实上从 IFC 发布第一个版本到现在，已经过去了二十多年，IFC 标准在实施过程中仍然存在各种问题，包括颜色缺失、属性缺失、关系缺失、几何缺失、构件类型不一致以及导出的 IFC 文件过大。而对于铁路工程，铁路 IFC 标准尚未成为国际标准，软件厂商支持的动力不足，当前阶段，采用 IFC 标准实现铁路工程 BIM 协同设计并不现实。

结合铁路工程特点和当前 BIM 技术水平，铁路工程多平台 BIM 协同技术路线：协同设计分成两个层次，数据层面的协同和模型层面的协同。首先各专业根据专业间协作的特点，共同创建协同共享数据库。基于共享数据库，各专业根据数据协同标准和专业数据标准开发本专业的 BIM 设计软件。其次统筹各专业不同需求，利用合适的图形引擎将不同数据源的 BIM 设计模型转换为统一的模型数据格式，并根据铁路工程的项目特点建立企业级协同设计平台。最后基于协同设计平台开展专业间的模型层面的协同设计工作。技术路线如图 8.1 所示。

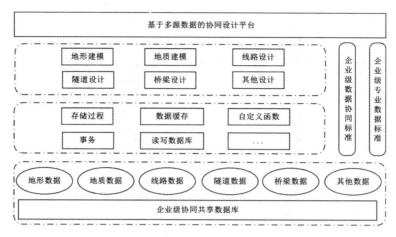

图 8.1　铁路工程多源数据协同设计技术路线

8.1.2　多源数据 BIM 协同设计平台

（1）图形引擎

合适的图形引擎是协同设计平台的核心。目前铁路工程 BIM 设计主要采用三大主流设计平台：Autodesk、Bentley、Dassault。三大设计平台侧重点各不相同，各有所长，均拥有广大的用户群。因此，协同平台的图形引擎必须可以兼容三大主流平台软件格式。

因此，需要采用兼容 Catia、Revit、Bentley、Inventor、Civil3D、Tekla、IFC 等软件格式的图形引擎，在保留原始模型的几何、结构及属性等信息的基础上，将模型转换成轻量化格式文件，基本能满足铁路设计不同专业的需求。图形引擎配备的转换器采用"一次转换"技术路线，针对每种软件单独开发转换器，解决了轻量化模型"变形、信息丢失"的问题。

具体的方法为：采用 C++/CAA/C# 等语言（不同模型格式需采用不同的技术路线）开发，解析原始模型的构件组织结构，找到构件最小单元，分析模型单元的顶点、面、实体几何数据，对其进行 Tessellation 处理，获得构件的三角面片数据，通过控制 Tessellation 处理参数（边线步长、曲线弦高等），可获得模型不同精度的三角面片数据结果，从而获得不同的轻量化模型几何数据。

（2）平台框架

协同设计平台采用 B/S 和 C/S 混合架构，可以分为数据管理层、基础支持层、持久层、业务层、控制层、表示层，如图 8.2 所示。

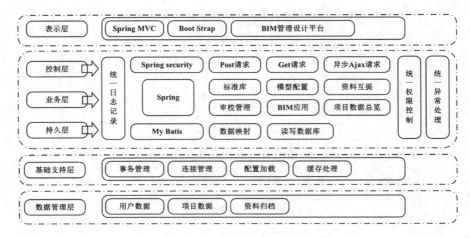

图 8.2 铁路 BIM 协同设计平台框架

（3）功能设计

按铁路工程协同设计需求，平台功能包括用户信息管理、项目管理、知识库管理、项目资料、任务管理、资料互提、成果提交、设计管理、资料归档等，详细功能如图 8.3 所示。

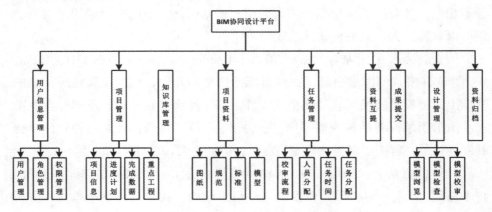

图 8.3 铁路 BIM 协同设计平台功能

铁路工程多个专业参与 3D 设计，各专业相互协同完成建模。在使用 Revit 软件进行 3D 设计时，由项目设计总体部门创建设计中心文件，其他专业在中心文件的基础上完成设计内容。一般由建筑专业开始，完成建模以后开放给工点内部专业，包括给排水、供电系统等，各专业在建筑模型的基础之上完成建模后，反馈给建筑专业确认，如此反复修改直至各专业全部完成。工点内部专业设计完成以后，向系统各专业同时开放设计模型，包括通信、信号、信息、供电等专业，各专业在此基础上完成本专业设计建模，再反馈到建筑专业确认，形成设计模型。

传统的设计方式存在设计交互滞后、设计变更多、协同效率低等不足。因此，提出了基于模型交互和数据驱动的多专业正向协同设计技术，该技术的总体框架如图8.4所示。

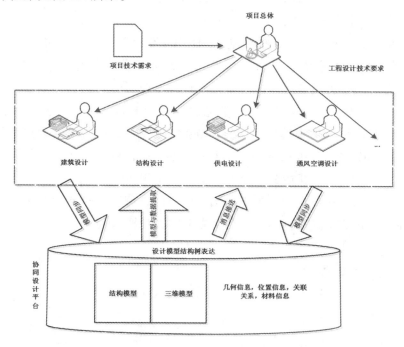

图8.4　多专业正向协同设计技术框架

步骤1：项目总体根据技术需求制定工程设计技术要求，形成项目总体设计规划和设计流程图。

步骤2：各专业根据技术要求开始工程设计，创建专业3D模型，将模型同步到协同设计平台。

步骤3：平台解析3D模型，将模型重构形成结构树。其他专业在设计过程中访问协同设计平台，提取需要交互的构件模型和设计参数。

步骤4：各专业将设计结果同步到平台，平台将设计参数推送给各交互专业，当全部确认以后，协同过程结束，否则继续修改交互构件的设计参数。

根据以上协同技术框架，首先需要对同步到协同设计平台的3D模型进行解析和重构，然后基于数据提取和消息推送实现多专业正向协同设计。

8.1.3 基于数据驱动的正向协同设计技术

基于协同设计平台实现各专业之间的设计协同。将专业间的交互协同关系定义到平台中，某专业设计模型的 IFC 文件同步到协同设计平台后，平台通知需要交互协同的其他专业。其他专业收到消息，访问平台并查看模型及属性信息，将需要交互的构件及属性提取到本地，支撑本专业的设计，实现多专业之间的协同，形成 3D 设计模型。

选取 A、B 两个专业，描述基于 7D BIM 交互的数据驱动协同设计过程，如图 8.5：专业 A 完成建模后将模型同步到协同设计平台，平台解析模型，生成结构树，表达该专业构件及设计属性；专业 B 设计过程中需要与专业 A 协同，平台将专业 A 模型上传的消息通知专业 B 设计人员，专业 B 设计人员在平台上查看专业 A 模型结构树，查找需要交互的构件，获取该构件的模型和数据，以此为参考在本地 3D 设计软件中完成专业 B 建模，并同步到协同设计平台；专业 A 接收到消息后查看与专业 B 交互的构件，确认设计参数是否符合要求，并重新设计被提取构件的参数，修改后再同步到平台，供专业 B 参考。如此反复，直到满足两个专业的设计要求为止。

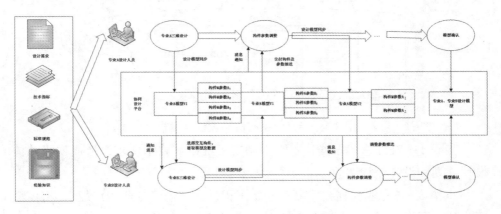

图 8.5 多专业正向协同设计过程

多专业正向协同设计的详细步骤如下：

步骤 1：模型解析与重构

专业 A 在本地 3D 设计软件中进行设计建模，将模型 IFC 文件同步至协同设计平台。平台解析模型所包含的构件，生成项目结构树。解析构件的属性，将各类型属性参数采用结构树的方式表达。设计阶段只有几何信息和设计属性。其中构件 M 共包含 4 个设计参数：M={A1，A2，A3，A4}。

步骤 2：数据提取与构件设计

专业 B 在设计本专业的构件 N 时需要参考专业 A 中构件 M 的设计参数。专业 B 接收到平台消息后，通过协同设计平台查看专业 A 的模型，从模型结构树中找到构件 M，并向平台发送请求：提取专业 A 的构件 M，用于专业 B 构件 N 的设计。平台审核通过以后，将构件 M 的模型及设计参数 A1、A2、A3、A4，以 IFC 文件和数据表的形式导出，其中 IFC 文件用于表达构件 M 的 3D 形状，数据表用于保存设计参数。专业 B 在本地 3D 软件中完成构件 N 的设计：N={B1，B2，B3}。

步骤 3：协同构件参数调整

当专业 B 提取专业 A 构件 M 的模型及设计参数时，协同设计平台以消息的方式通知专业 A：构件 M 被专业 B 提取，用于构件 N 的设计。当专业 B 完成设计并将模型同步到协同设计平台后，平台会再次给专业 A 发送消息：专业 B 已经完成构件 N 的设计。同时将构件 N 及其设计参数 B1、B2、B3 发送给专业 A，专业 A 根据交互构件的设计参数，判断构件 M 设计参数是否需要修改，如果需要，则重新设计构件 M 的参数 A'1，A2，A3，A'4，并将修改后的模型及参数同步到平台。平台对比分析两个版本的模型，标记已经修改的设计参数 A'1、A'4，发送消息"专业 A 构件 M 设计参数已经修改"给专业 B。

专业 B 通过协同设计平台查看修改后构件 M 的设计参数，判断构件 N 的设计参数是否需要修改，如果需要，则按照上述步骤修改。

步骤 4：确认设计参数，完成协同设计

专业 A 和专业 B 按照步骤 3 的方式反复确认构件 M 和构件 N 的设计参数，直到设计参数全部不再修改，则完成正向协同设计。通过该协同设计方法，建立各专业的 3D 设计模型。

8.2　工程管理

铁路工程建设具有规模大、标准高、建设速度快、管理协调复杂、周期长等特点。在传统的管理模式下，各个组织机构和建设环节之间存在信息壁垒、数据孤岛，造成建设过程中面临数据共享与分析困难、管理手段匮乏等问题。以建筑信息模型（BIM）技术为核心的云计算、大数据、物联网、移动互联等新一代信息技术的发展，对铁路工程建设产生了深刻的影响。依托

BIM 技术建立的铁路工程信息模型，为铁路工程建设各个环节搭建了一个信息化平台，使铁路工程建设从源头开始，建立数据之间关联关系。随着 BIM 技术的发展，其应用已逐渐融入企业信息化管理中，这种现代化管理模式需要对组织机构进行优化，对业务流程进行重组，打造新模式下的数据链条，可对工程建设数据在整个生命周期内进行管理，实现数据共享以及全生命周期的服务和闭环管理，为后续运营和维护提供支撑。

8.2.1 铁路工程管理平台建设重要性

我国铁路建设呈信息化分散状态，因此，建设信息化集中管理平台显得格外重要。以下对铁路工程管理平台建设的重要性进行分析。

（1）促进市场活力

具备相关利益关系的产业群体可在铁路工程管理平台建设的基础上进行互动，还可进行经济上的往来，进而达成双赢，产业群体价值得以体现。平台可为产业群体提供丰富的资源条件，相关工作者在获取资源信息的同时起到团体竞争的作用，从而促进铁路电力工程的发展，铁路建设产业链也会得到质的飞跃。

（2）满足需求多样化

各类信息资源都可在铁路工程管理平台中占有一席之地。原有的信息推广模式不仅资金投入大、建设周期长，且效果较慢，铁路工程管理平台能对以上问题进行有效解决，开发商对于人群目标具有针对性地选择，从而根据需求为其选取最合适的信息，在一定程度上使铁路工程信息化建设得以扩展，满足人们需求多样化的要求。

（3）信息化建设成本降低

传统的信息化分散管理在建设铁路工程管理平台后被逐步淘汰，进而形成统一管理、资源集中部署的信息化管理模式，此种模式不但符合当今信息化发展趋势，同时使建设资金的使用效果达到最大化。其中，最明显的是资源共享方面，不仅规避了由于工期长而导致硬件、软件信息遭到浪费的情况，单个信息系统集成环节也随之减少，不仅降低铁路工程建设信息化建设成本，也带来了适当的规模效益。

（4）有助于数据建设发展

以往的铁路工程建设信息化模式一直处在分散状态，数据生成规格不一样，无法做到资源共享，质量也无法达到要求。铁路工程管理平台充分认识到这一点，对于信息进行统一放置、集中使用，在确保数据质量、完整性的情况下，对信息数据进行分析加工，更好地服务于新时代下数据的发展建设。

（5）适应服务信息化需求

铁路工程管理平台建设对传统的信息传播模式不足之处进行了弥补，信息处理更加灵活，技术能力随需求不断更新，需求的改变也促使相关用户将精力更多地集中于应用深化及熟练业务上，更加符合当今对于服务发展信息化的需求。

8.2.2　四电工程特点

四电工程包括通信、电力、信号、电气化等四个方面。通信工程相当于铁路的"中枢神经"，具体功能是保障铁路得以安全运行的技术手段，具体工作内容为提供图像、语音等多媒体通信手段，确保信息可以准确高效传输；电力工程是铁路的"能量来源"，对于各系统负荷供电提供保障；信号工程是可视化系统，对于列车运行情况进行监控，对于运输指令进行控制，同时起到信息监控和传递的作用；电气化工程又称为牵引供电工程，为列车提供牵引用电，有效确保列车正常运行。铁路四电工程具体特点表现如下。

（1）通信工程

通信工程内对于新设备及新材料的使用范围较广，3G、4G 等通信手段不断更新换代，后台操控专业性极强。

（2）电力工程

电力工程施工区域跨度大，且与市政、电力管线交叉点较多，其工期受到一定制约，外电引入风险性极高，对于其他专业的联合测试也有一定制约。

（3）信号工程

信号工程较易受土建等一些站前单位影响，加之本身专业技术性高，质量、安全、技术管控难度大，信号电路调试标准要求高、结构内部较复杂，短时间进行开通资源消耗大，施工风险得不到控制。

（4）电气化工程

电气化工程主要特点是专业接口多，新方法、新材料、新技术、新设备等技术更换速度极快，高空作业多、安装工艺要求高、施工安全风险大、联合测试较难，在工程竣工时电气化专业较为关键。

8.2.3　基于四电工程施工建造平台的协同管理

业务方面，由于铁路四电工程的独特性，铁路工程管理平台建设可对项目进行更精准的管理，管理模式得以改进，项目盈利情况有所提高。在确保项目成功的同时，也能应对安全质量管理红区、物资材料甲供等问题。在现有项目上，一些施工企业展开试验工作，更好地探索 "智慧工地管理平台"，根据现场施工实际情况，对生产要素进行有效数据采集，同时对一线作业层工作需求进行解决。相比于传统的在管理系统内填写数据的方法，现有数据真实性得到提高，实现了数据库与管理平台贯通，项目管理也过渡为数据化、智慧化的进程，成功建成一个 "进度为主线、项目为载体、成本为核心" 的智能管理工地平台。技术方面，充分对大数据、移动技术、云技术、物联网技术、人工智能、BIM 技术等进行利用，为现场业务开展提供技术保障，从项目实际管理入手，选取合适的技术手段，对技术进行革新，使现场管理能力提高，培养大批的高素质人才，真正落实企业管理思想。结合实际工程特点，确保技术的先进性和可靠性，达到对企业进行管理的目的。

（1）基于 BIM 技术的铁路四电工程建设管理内涵

基于 BIM 技术的铁路四电工程建设管理是以面向四电工程建设对象为核心，与现代管理技术、信息技术、建造技术相结合，通过一体化信息平台，创新管理手段，促进铁路四电工程建设过程协同、资源配置优化、强化工程质量约束，提升安全管理水平的一套系统管理体系。依托 BIM 技术建立的铁路四电工程信息模型，以铁路建设规划和工程设计信息为底层模型，叠加建设阶段的过程信息，形成竣工模型，为运维阶段提供基础设施运行和维护信息基础，从而建立起覆盖各个阶段的完整的数字铁路，推进铁路建造信息化、数字化向智能化发展。

基于 BIM 技术的铁路四电工程建设管理通过对数据的真实记录、系统集成和有效组织，从信息维度、过程维度和价值维度为铁路四电工程建设管理提供创新手段实现协同管理。

（2）基于 BIM 技术的铁路四电工程建设管理总体框架

基于 BIM 技术的铁路四电工程建设管理是一种创新的工程管理理念，也是高效、互动的系统管理体系。与传统管理模式不同，这种管理模式依托 BIM 技术，以协同管理为核心，打通建设管理全过程，提高工程建设品质。

①总体框架

基于 BIM 技术的铁路四电工程建设管理模式延伸了其应用领域，从设计至施工、运维涵盖全生命周期，这种管理模式以建设单位为主导，施工单位为主体，开展多环境、多角色的协同应用实施，其核心是通过在工程建设全生命期中引入 BIM 技术，在标准统一、管控制约、技术工具的支撑下构建对各项目的全阶段、全专业、全任务协同管理模型，创新铁路四电工程建设业务应用组织管理手段，为铁路四电工程建设项目的建设和使用增益。铁路四电工程建设协同管理体系框架见图 8.6。

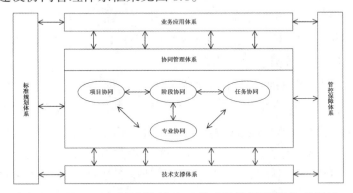

图 8.6　基于 BIM 技术的铁路工程建设协同管理体系框架

②项目群协同管理

当前铁路四电工程项目不再是简单的单项目，而是由多个项目组成的项目群。项目群管理需要涵盖工程对象、目标、流程、技术等全要素，在多维度上对质量、安全、进度、资金等进行整合式管理，应用 BIM 技术将相互关联的项目构成一个整体，实现多参与方、全阶段、多要素的系统协同管理，对高质量地建设好铁路工程项目至关重要，从而达到四电工程项目的全局优化提升项目整体水平，见图 8.7。

图 8.7　项目群协同管理

a. 实现多项目集中工程调度和多维度决策分析

通过建立总公司、建设单位、指挥部和标段四级调度系统，将铁路工程建设过程中工作层关注的零散碎片化信息进行遴选，并且利用统一的数字化交班与决策支持系统等手段，整合出建设管理层最为关注的工程进度、质量安全、作业总览、红线预警、投资完成等信息提取，便于管理层在海量数据中获取关键信息，满足最短时间内掌握最关键信息的愿望，实现指令、信息、统计、报告等的电子化上传下达和应急事件信息的及时传递。

b. 自由组合灵活调整的区域化督导管理

区域化督导管理把参建单位的不良行为、标准化管理和信息化应用考核等三项内容进行综合集成，对各项目部的施工日志填报率、数据实时上传兑现率、质量安全风险问题处置率等数据自动抓取并量化，通过建立全路联网的面向个人和企业的违规行为扣分机制，建立统一完备的从业人员履历库和信用库。强化现场上岗人员资质管理，杜绝无资质人员违规进场，及时发现参建人员的历史从业污点，实现随时调阅信用评价全过程的分数和相关记录。数据真实可靠，不可更改，避免信用评价暗箱操作和人为干预，实现了阳光操作，公正透明，一定程度上预防了腐败问题的发生。

c. 网络化资源调配

网络化资源配置应用互联网 +BIM 技术，以指导性施工组织、实施性施工组织为统领构建两级资源配置体系，推动单位生产力调优和提升。网络化资源配置结合电子施工日志和图形化周报，对重难点项目（控制性工程）开展施工组织红线管理及预警体系分析，构建全路集中统一的施工组织跟踪与分析体系。

通过指导性施工组织将各专业施工节点计划与自动抓取电子施工日志的进度信息进行比对，推演全线各专业工程总量、开累完成量、完成百分比及剩余工程，采用形象进度图、计划甘特图展示工期预警，及时督促施工单位加强资源调配，严格落实施工组织节点工期，实现从全线总体到各标段详细的进度评估并进行红黄灯预警。利用全路共享的信息平台建立大型机械装备、专业队伍以及物资材料的闲置及租用信息，根据工程施工路径和工期安排，确定工程重点难点，有效提升资源配置效率，及时调整资源配置和工作部署，使得进度管理更加敏锐化、形象化、智能化。在铺轨阶段和联调联试阶段，通过对项目群的统筹，综合考虑各项目的工程特点、工期要求、线路长短等，利用总公司统一的资源配置能力，开展全路资源网络的调配，统一长轨运输、机车运用等情况。

③单项目云化建管

综合利用 BIM+ 云计算、物联网、大数据、移动互联网等技术，统筹协调项目各参与方，建立覆盖全国的多层级开放式云平台。平台涵盖建设过程中数据采集、存储、加工、分析等全过程，能够打破信息壁垒、消除信息孤岛，解决项目各参与方沟通不畅、变更频繁、信息不一致等问题。通过"平台＋应用"的方式，构建基于移动互联的线网管理、以进度质量安全相互校核数据治理，各干系人共同决策共同负责的现场管控，实现建设信息资源高度共享和应用，以及对建设管理目标全过程、全要素、全专业的全生命周期精细化管控。单项目云化建管体系见图8.8。

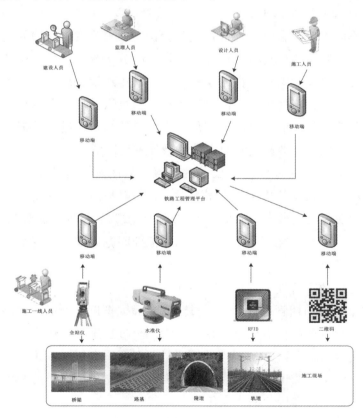

图 8.8　单项目云化建管

基于移动互联的线网管理铁路工程是线性工程，线路长、施工作业面多、范围广、彼此间距离远，难以利用局域网进行现场生产管理。基于移动互联的线网管理通过移动互联网络将工程建设各参与方互联成网，其设备易于携带和随时随地使用，以使现场数据能够传输及时。现场施工和项目管理者只需随身携带一部移动设备并连上网络，任意时间、地点就能获取项目基础数据和相关现场数据，扁平化项目管理，可减少各单位沟通协调时间，提高沟通效率，极大释放建设、监理、施工管理者时间和精力，使专业管理和组织管理逐步走向协同一致，使各干系人同心同向，专注现场管理确保工程安全质量。

以进度数据为主线，质量安全业务数据为核心，开展各业务数据融合贯通及校核分析，使管理者面上管理和点上施工逐步一致，简化管理层级，提高决策效率，使管理者直面现场，让作业者更加专注作业要点。

安全管理从风险识别和研判入手，监测风险发生的时间、位置和级别，通过平台不同维度综合分析，进行风险分析、预警分发、问题处置和事后追溯。同时对按时监测进行有效监督，以强大的分析统计功能，快速定位风险源，实现对安全风险宏观全面的掌控。基于云化建设管理将现场各类数据进行集中存储管理，依托于严格的数据治理，通过云计算资源进行高效、快速关联计算分析，从横向、纵向等多角度进行贯通分析，进行数据之间的关联校核，从而实现基于多数据源的安全风险分析与识别。

质量管理以现场监测软件设备为手段，以闭环管理为抓手，依托信息化平台开展进度数据与质量数据融合对比，及时提醒、发现质量问题的薄弱点，及时发现现场应做未做的情况，实现问题发现、传递、提醒和闭环处置。通过多角度、多维度统计分析功能，总体把控问题导向，实现全面有重点的质量监督管理。

④全寿命数字管理

遵循全寿命周期管理理念，通过建立超高模拟度的产品、资源、数据和建造工序流程等虚拟仿真模型，将全要素、全过程虚实影像进行融合，推行三阶段两交付模式，以 BIM 模型协同设计为源头，开展二三维一体化设计交付、数字化施工、竣工交付，实现贯穿由设计到交付、运维的全生命周期数据传递，达到全过程持续迭代优化。

a. 基于施工图的设计交付

传统的设计资料交付采用纸质文档和光盘结合的线下交付模式，文件交付后归档困难，设计数据信息利用率低。采用松耦合的 Web 服务技术，实现与基于 BIM 技术的应用系统集成，实现与管理门户系统集成以及设计交付系统与 BIM 模型应用的数据同步。利用基于 BIM 技术的二三维一体化设计交付模式，将传统的二维施工图纸、文档、表格交付与三维的 BIM 信息数据交付相结合，并以设计单元为单位进行资料归档管理，建立 BIM 模型、图纸和文档的关联关系，使设计单位提交的数据资料能够被有效地管理和利用。

b. 基于建维一体化的竣工交付

在竣工验收阶段，将铁路建设过程中形成的设计资料、过程资料、竣工验收资料、BIM 模型等数据统一集成，竣工验收的竣工文件由建设管理平台生成并存储，按照运维管理的需求，生成运维管理数据库，实现建设管理向运维管理的转化，形成铁路建设全过程的数字化产品。通过建设阶段的数字化移交和体系转换，将 BIM 模型承载的建设管理过程信息无缝转移到基于 BIM 技术的运维管理平台，完成建设模型向运维模型的转化，为基础设施运维提供基础。

(3) 平台关键技术

① BIM+GIS 技术

BIM 具有可视化性、协调性、模拟性、优化性、可出图性、一体化性、参数化性、信息完备性等特点，可将 BIM 技术应用于铁路施工组织设计，实现展示设计信息、管理施组信息、模拟施工进度、计算工程费用等功能。

借助地理信息的空间分析，将 GIS、BIM 两者有效融合，构建一个具备空间场景的三维工程建设模型，对施工环境和施工现场进行有效监督与管理，为用户提供一个既可以全局把控又可以精细管理的技术手段。

② 模型轻量化技术

平台采用 Web Graphics Library（WebGL）技术的纯 Web 轻量化引擎，在确保 BIM 模型数据不损失的前提下，实现 BIM 模型的轻量化，让 BIM 模型能够更快地加载和使用。实现 BIM 模型在 Web 端、移动端的"轻量化"应用模式，用户无需安装如 Revit、Bentley、Dassault 等专业建模软件即可使用 BIM 模型开展各类应用。

WebGL 的最大特点是不需要插件即可使用。通过调动 Graphics Processing Unit（GPU）进行硬件加速显示模型。WebGL 轻量化 BIM 引擎处理 BIM 模型，一般可以分为数模分离、几何数据轻量化处理、三维几何数据实时渲染三个步骤，对大模型 Level of Detail（LOD）的处理方案，从最根本的内存管理入手，在三维几何数据轻量化处理阶段，依据空间位置计算，通过对构件进行空间位置排序来确定模型的轮廓，保证用户初始加载模型就能看到模型的整体轮廓。

③ VR 技术

虚拟现实（Virtual Reality，VR）是一种多源信息融合、交互式的三维动态视景和实体行为的系统仿真技术，它利用计算机生成一种模拟环境，是可以创建和体验虚拟世界的计算机仿真系统。VR 技术提供了一种半侵入式的环境并强调真实情景和虚拟世界之间图像与时间的准确对应关系。因此 VR 技术能大大提高观者的感官和交互式体验。BIM+VR 技术在 BIM+ 建造管理平台上得到应用，利用 BIM 模型结合 VR 设备或使用手机 APP 实现动态漫游查看施工场地、查看施工复杂工点细节等功能。

④二维码技术

二维码又称二维条形码，是用特定的几何图形按照一定的规则分布在黑白相间的平面图形上用以表达数据符号信息的技术。基于二维码的人员管理，可以将工程现场人员的个人信息、岗位职责、资质证件信息等通过系统平台展示及交互，对人员资质、人员配置、出入场状态进行动态管理；基于二维码的物资管理，使物资采购、入库、点验、出库等物资管理流程在线上进行，通过扫描二维码代替传统的人工填写单据，提高了效率，实现了物资信息及时传递。

（4）平台架构

①平台整体架构

平台以 BIM+ 引擎、项目管理引擎和文档管理引擎为技术支撑，提供基于数据和业务的常规 BIM 应用和项目管理应用，实现智能分析、项目管理和数据积累的应用目标。平台整体架构见图 8.9。

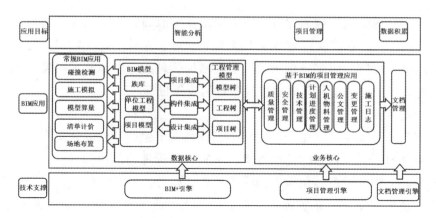

图 8.9　平台整体架构

②平台功能架构

BIM+ 建造管理平台与现有施工管理模式紧密结合，根据施工现场实际管理需求，提供强大、丰富的管理业务功能，平台支持多项目管理，支持项目下多标段、多施工单位的独立业务管理。

（5）平台主要功能

①电子沙盘

用于铁路建设施工阶段的三维电子沙盘，基于 BIM 和 GIS 技术，通过融合勘察设计阶段搭建和移交的精细三维地形和铁路三维设计成果，进行相关三维软件平台应用，在数字化施工、进度管理和安全监测等方面提供技术服务和支撑。具体包括展示单位工程项目简介、标段信息、施工单位和工点信息、模型树信息、总体计划进度信息、安全质量问题汇总和统计信息、新闻公告，以及项目施工期间的动态模型、相关施工数据和文档等，提供测量、定位、透明度设置、施工模拟等工具。

②公文管理

通过公文处理系统，可以对项目内公文、通知、联系单等事项进行传递和归档，实现单位内和单位间的公文发、收和归档管理。

③质量管理

铁路工程项目管理的核心任务是成本、进度和质量三大目标的实现，而质量目标又是其他目标得以实现的重要根基。施工项目质量管理根据质量管理规范和标准，控制每一质量控制单元的施工是否满足质量要求。主要包括检验批管理、工序管理、质量巡检管理等模块，具有单元工程分解、工序检测记录、材料及试件检测记录、质量缺陷及事故的登记及处理、质量验收与评定等功能，各功能均可与 BIM 模型进行关联。系统还记录质量评定与验收结果以反映最终的施工质量结果，通过质量管理，业主和监理单位能够及时准确地获得项目信息，有效地控制项目的质量目标。

④安全管理

施工项目安全管理是为了实现施工项目安全生产开展的针对人的不安全行为和物的不安全状态的控制管理，落实安全管理的决策和目标。利用科技力量为安全施工服务，积极采用网络、计算机等先进管理模式，坚持管理的科学性是提高安全监督管理水平的有效措施。主要包括安全专项施工方案、安全技术交底、安全巡检记录管理、第三方检测管理、视频监控等模块，各模块功能均可与 BIM 模型进行关联。针对危险性较大的分部分项工程，编制安全专项施工方案；施工负责人在生产作业前，对直接生产作业人员进行安全操作规程和注意事项培训等安全技术交底；对安全巡检发现的问题以整改通知单的形式进行登记；根据定义的监测类型，针对监测部位，导入第三方监测数据，形成检测报告；现场视频可接入平台，进行现场施工监控及风险控制。

⑤计划进度管理

施工项目计划进度管理是通过创建并管理全线各标段工点的施工组织计划，与现场各施工单位施组管理计划相匹配，将管理目标通过平台落实到各项目标段的具体工点，同时通过现场各单位工点的实际工程进度反馈，及时了解全线施工情况。

创建施组计划树，并编制初始计划，将计划树与 BIM 工程树关联进行资源配置工作，实际进度通过工序管理进行录入。已经施工完成的、正在进行施工的以及尚未开工的工程实体分别用不同颜色在 BIM 模型上标识出来，使项目管理人员能够清晰了解当前项目的施工进度。主要包括整体施工计划、进度管理查看、进度展示、数量产值查看等模块。

⑥技术管理

施工项目技术管理是项目经理部在项目施工过程中，对各项技术活动过程和技术工作的各种要素进行科学管理的总称。铁路施工技术管理是对铁路施工技术进行全方位的管理和控制，涵盖了铁路施工技术的方方面面，主要包括基础施工技术管理、施工过程中的技术管理、施工技术的开发与总结这四大组成部分。平台技术管理功能主要包括开工报告、施组计划、专项施工方案、作业指导书、技术交底、图纸管理等模块，各模块功能均可与BIM模型进行关联。

⑦施工管理

平台定义的施工管理，主要包括施工日志填报、作业队管理（人员维护、设备维护）、环境监测等模块。填报的施工日志包括工作内容、气候状态、项目检查和自检及结论、安全环保记录、施工人员、机械配置等内容；作业队管理是通过二维码技术对施工班组的人员、设备进行动态管理；环境监测是对文明施工中涉及的天气、环境条件进行记录。

⑧物资管理

在铁路项目建设过程中会涉及大量的物资及机械设备，其成本占工程总成本的60%以上，这就表明物资管理在铁路项目建设中尤为重要。通过加强信息网络的系统化建设，将物资管理与铁路工程项目各环节施工相衔接，能够将各环节施工所需各项物资、具体数量、成本控制等内容传递给物资管理子系统，并在信息高效交换和共享下，确保物资集采供的科学性和合理性。

平台的物资管理功能主要包括材料交底、材料信息、材料供应商、台账管理、出入库管理等模块，其中材料交底和台账管理功能模块与BIM模型进行关联。

⑨移动端APP功能

用户通过移动端APP可随时随地查看施工资料、进行检查取证、记录隐蔽工程等，不但减少了沟通工作量，而且比传统手工方式更不容易出错。系统配套开发了移动端APP功能平台，功能覆盖基本的管理业务（如工序检查、质量巡查、安全巡查、图纸中心、新闻动态、公文管理、技术交底等）、VR工程预览等，同步支持系统数据浏览，配合PC端完成现场业务功能。通过BIM中心，结合VR技术，用户可在手机上浏览项目BIM模型，查看模型设计、施工信息等内容。

8.3　站前与站后接口管理

高速铁路是一个庞大的系统工程，为达到高铁建设的技术标准和质量要求，各要素、工序、节点之间必须精密匹配，确保高铁系统的安全性与可靠性。高速铁路建设具有多单位参与、多专业协调、多方位推进、多工种交叉作业等特点，其建设过程涉及各专业间大量的接口问题，基于建设模式、工序衔接、结构安全、质量和投资控制等原因，部分四电基础设施由土建单位负责实施。由于专业和建设特点的巨大差异，四电接口工程管理质量不高成为高铁建设常见的通病和短板之一。概括来说，四电接口工程主要存在以下问题：

● 相关单位对管理重视程度不够，缺乏相应的管理制度；

● 设计 "差错漏碰"，源头出现问题；

● 施工过程卡控不严，存在事后返工等质量问题；

● 接口交接不规范，忽视及时交接的重要性；

● 没有有效的监督机制，不重视整改，未形成有效的闭环管理机制。

因此，亟需一种新的技术平台对高速铁路四电接口进行辅助管理，通过信息化手段，实现接口的自检、复查、交接，对发现问题进行填报、处理、销号，最终实现闭环管理。借助 BIM（Building Information Modeling）与 GIS（Geographic Information System）技术，依托铁路工程管理平台，研究开发高速铁路四电接口管理系统，为接口提供可视化、协同化管理，为后续四电施工创造更好的条件。

8.3.1　需求分析

（1）建设目标

基于 BIM 技术的四电接口管理系统是以四电工程接口为管理对象，实现站前土建单位自检，站后四电施工单位复查，监理、建设单位参与监督管理的信息化系统。系统将线下管理转换为线上管理，形成 "检查—记录—处理—销号" 等一整套闭环处理业务流程，建立站前、站后接口工程对接检查处理机制，提升站前预留接口向站后施工单位移交的效率。

（2）业务流程

根据现场调研，梳理四电接口检查业务流程如下：

①站前土建单位依据相关要求，对施工生产的四电工程接口进行过程卡控、成品自检；监理单位依据施工过程监督及成品检测，评定接口质量是否合格。对于不合格接口，由土建单位进行处置，直至合格为止；对于合格接口，由站前土建单位批量向站后四电单位进行初步交接。

②站后四电单位进场后，依据设计图纸、质量验收标准等，对站前土建单位移交的工程接口逐项复查，发现问题立即通知站前专业整改处理。监

理、建设单位对复查、整改过程进行监督管理。

③针对复查合格的接口工程，在建设或监理单位组织下，完成接口正式移交，实现站前、站后的责任和权限划分。

8.3.2 总体架构及功能

（1）总体架构

结合工程现场实际需求，立足接口检查业务流程，依托铁路工程管理平台，设计基于 BIM 技术的四电接口管理系统。该系统业务涉及站前土建、站后四电、监理、建设等单位，用户多；专业涉及路基、桥梁、隧道、轨道、站场、牵引供电、电力、通信、信号等，专业多。为提高系统的易用性和稳定性，采用 B/S 架构设计，确保各级用户直接通过用户名和密码登录使用。系统采用数据层、应用与服务层、展示层等三级架构设计，总体架构示意见图 8.10。

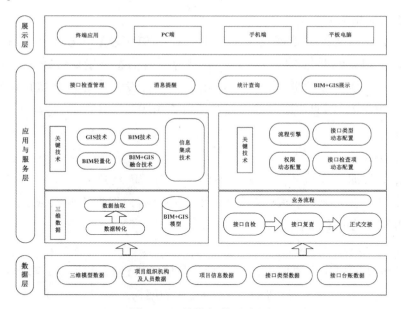

图 8.10　总体架构示意图

①数据层

数据层包含三维模型数据、项目组织机构及人员数据、项目信息数据、接口类型数据、接口台账数据等，具体内容如下：

a. 三维模型数据：包含现场的路基、桥梁、隧道、四电 BIM 模型及地形 GIS 数据等。

b. 项目组织机构及人员数据：包含建设单位、施工单位、标段、部门、工区及机构人员等，此部分主要为系统使用的机构及相关用户。

c. 项目信息数据：包含站前土建、站后四电标段的工点及构筑物等，主要提供四电接口的地理位置信息。

d. 接口类型及接口台账数据：主要针对四电接口的类型及每种类型下需要检查的项目，为系统主要业务数据。

②应用与服务层

应用与服务层包含业务流程及关键技术和二、三维数据处理及关键技术，具体内容如下：

a. 业务流程及关键技术：通过流程引擎，根据不同项目需求，方便、快速地构造四电接口检查业务流程，通过权限动态配置、接口类型动态配置、接口检查项动态配置等，快速实现业务数据动态扩展，适用于不同项目、不同业务的应用场景。

b. 二、三维数据处理及关键技术：利用 BIM 轻量化技术和 GIS 引擎技术，实现 BIM 模型与 GIS 的融合，并结合项目信息、接口台账等二维数据，达到二、三维多源数据集成。通过相关功能开发，最终实现接口的检查管理、统计展示、消息提醒等业务功能，并在 BIM+GIS 的三维场景下进行可视化综合展示。

③展示层

展示层即终端应用层，表示不同用户访问、使用系统所需的终端设备（如 PC 端、手机端、平板电脑等）。用户登录后，根据不同权限进行相应的数据访问和功能操作。

（2）功能设计

系统功能模块主要依据需求分析和总体架构进行设计，可实现四电接口检查管理及 BIM+GIS 综合展示，功能模块的架构示意见图 8.11。

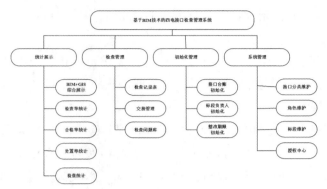

图 8.11　功能模块架构示意图

①系统管理

系统管理模块包含接口分类维护、角色维护、标段维护、授权中心等四个子模块:

a. 接口分类维护:对路基、桥梁、隧道、站场、轨道铺架等不同专业下的四电工程接口的分类进行动态性维护,如路基段接触网预埋基础、电缆过轨管,隧道段接触网预埋槽道、综合接地,桥梁段电缆爬架及锯齿孔等。既要维护接口的类型,还要维护不同接口类型下的检查项目,方便后续接口的检查工作。

b. 角色维护:对四电接口检查管理流程涉及的角色进行添加、删除、修改等维护,如接口自检员、四电站后复查员、评定员、处置员等角色的维护。

c. 标段维护:对土建专业和四电专业标段的区分,标段数据通过接口取自工程管理平台。由于工程管理平台中并未定义标段类型为站前土建还是站后四电,在流程管理中缺乏明确指向,因此,需要对标段进行维护区分。

d. 授权中心:对组织机构的各级管理和生产人员进行角色授予。如京雄城际铁路施工一标张某被授予站前自检员角色,当张某登录系统,即获接口自检权限,可利用 APP 对接口台账进行检查填报。

②初始化管理

初始化管理模块包含接口台账初始化、标段负责人初始化、整改期限初始化模块等三个子模块。

a. 接口台账初始化:指站前土建标段根据图纸等设计资料,梳理四电接口台账,可通过 Excel 表整体导入,增加初始化速度,也可添加单条台账,并满足修改、删除、查询等功能。

b. 标段负责人初始化：对各标段负责人相关信息进行填报或导入，满足线下沟通需要。

c. 整改期限初始化：根据建设单位管理需求，自检、复查出问题后，对整改期限进行规定。检查出问题时，整改时间根据整改期限自动计算得出。

②检查管理

检查管理模块包含检查记录表、交接管理、检查问题库等三个子模块。

a. 检查记录表：将接口台账的初始化表格转换为检查记录表，并赋予表中每条接口数据一种状态，通过流程改变实现状态改变，完成每条接口的自检、初步交接、复查、处置、销号、正式交接等流程的管理，确保每个接口有检查、有记录、可追溯，并通过 APP 采集现场照片。

b. 交接管理：交接管理包含自检合格后的初次交接管理和复查合格后的正式交接管理。初次交接管理指站前土建单位自检合格后，批量移交给四电单位进行复查，是一种形式上的交接；正式交接管理指站前单位将复查合格的接口工程批量移交给站后四电单位，需有监理、建设单位参与并签字确认，是权限和责任的移交。接口正式移交是四电单位后续施工的先决条件。

c. 检查问题库：将接口自检及复查出现的问题推送至问题库模块，并对问题进行处置、申请销号、检查等循环管理，直至问题解决。问题库包含提醒推送功能，当检查出现问题时，将问题数据快速、准确地推送给相关干系人，并提醒监理、建设单位督办。

④统计展示

统计展示包含 BIM+GIS 综合展示、检查率统计、合格率统计、处置率统计等子模块。

a.BIM+GIS 综合展示：利用 BIM 模型轻量化技术，通过格式转换，将站前、站后各专业 BIM 模型载入 GIS 环境，实现 BIM+GIS 综合展示，使站前、站后施工人员非常便捷、直观地查看接口位置信息和台账信息，对照实际现场，检查接口位置预留是否有误、是否碰撞、是否侵限、是否满足设计要求。检查人员通过手机或平板电脑调取 BIM 模型，实现基于 BIM 模型的检查填报，并将接口检查记录作为模型的非几何信息在模型中保存。

b. 检查率统计、合格率统计、处置率统计：对应不同权限的用户，统计查询四电接口的检查率、合格率及出现问题的处置率，可作为建设单位对施工单位考核的一项指标。

第9章 BIM 工程应用及成果

BIM 技术在四电站后设备安装工程中的应用以四电工程施工管理现场需求为导向，构建铁路四电 BIM 构件模型族库，采用整体规划与分步推进相结合的方式，深入挖掘施工阶段的不同应用场景，重点围绕设备管理、工艺工法与施工碰撞检测及可视化交底、线缆智能敷设优化等技术。兰州交通大学等科研单位不断进行 BIM 技术工程应用探索和技术攻关，逐步开发完善了族库管理、设备管理、四电接口、可视化交底、施工碰撞等应用模块，旨在解决施工过程中的技术难题和施工管理问题，为项目工程施工管理提供有效的应用解决方案。模块通过在银西铁路（甘宁段）、牡佳铁路、和若铁路等项目中的试点推广应用和持续完善，探索了基于 BIM 技术的工程施工管理方法、流程及模式，为项目施工管理提供了信息化支持，促进了管理手段的提升，达到了提高施工效率、提升施工工艺、保证施工质量、节约施工成本的目的，满足了多样化的施工应用需求，取得了良好的应用效果。

9.1　新建银川至西安高速铁路（甘宁段）站后四电工程

9.1.1　项目简介

新建银川至西安铁路线经过陕西、甘肃及宁夏回族自治区，连接关天经济区、陇东地区和沿黄城市带。线路起自宁夏回族自治区银川市，经灵武、吴忠、太阳山，甘肃省环县、庆城、庆阳，陕西省彬县，至于西安市，正线全长 617.15km。

银西高速铁路是《国家中长期铁路网规划》中高等级铁路的福银高铁的重要组成部分，其建成将为宁夏、甘肃、陕西三地经济发展提供强有力的交通支撑。新建银川至西安铁路（甘宁段）"四电"系统集成工程，起止里程 DK170+118–DK564+500，正线长度 377.778 公里，全线共设车站 9 处，为宁县、庆阳、庆城、曲子、环县、甜水堡、惠安堡、洪德、白土岗。站后"四电"系统集成工程包括通信、信号、电力、电气化、灾害监测、给排水、环保、与四电有关的房屋建筑等相关工程，含车站信号运转房9处、牵引变电所7处、分区所8处、AT所15处、10/0.4kV变配电所9处、信号中继站21处、通信基站99处、直放站21处。

在"四电"工程的建设管理、工程设计、工程施工（四电集成）等阶段，建设、设计、监理、施工、集成、设备供货等需要大量的信息沟通及数据交换，包括与站前工程（路基、桥隧、隧道、站场等）的协同、不同专业间深层次的工程衔接等。"四电"集成又是铁路建设中最复杂的工程之一，其最显著的特征是技术标准高、线路长、专业多、参建单位多、接口众多复杂，工程的设备制造、设计、集成及施工环节耦合度极高，在工程实施的各个阶段，许多跨专业、跨部门的交叉性技术问题长期影响着工程建设的质量和进度，使"四电"工程的系统风险和成本受到诸多不确定因素的影响。

9.1.2 针对工程重难点应用

在总公司的统一组织下，银西铁路有限公司牵头，联合中铁三局银西铁路 ZHSD 联合体项目部、兰州交通大学共同组建了银西铁路（甘宁段）"四电"专业 BIM 试点项目科研课题组，以铁路"四电"BIM 技术研究与施工应用为主线，以标准编制和验证为基础，应用探索为延伸，构建铁路"四电"BIM 构件模型族库，设计与实现了基于 BIM 技术的铁路四电工程施工管理平台，为实现建设项目的全生命周期管理信息化与智能化提供了重要的技术支撑。

（1）符合 IFC、IFD、IDM 标准的四电族库建设

BIM 技术在铁路站后四电工程中的应用处在起步阶段，本项目通过对 IFC 标准的研究，提出基于 IFC 标准的四电 BIM 构件族库建设方案，并结合银西四电工程整理细化 IFD 标准，在此基础上建立种类齐全、可共享、可复用的银西四电族库，制作通信、信号、电力、接触网、牵引供电专业设备 BIM 模型 219 种，对构件的分类、属性信息设计、管理等提出具体可行的方法，优化铁路信息模型信息传递标准及构件模版，填补了铁路四电 BIM 族库空白，并通过银西四电工程施工过程应用验证了其可行性。IFC、IFD、IDM 标准的四电族库建设如图 9.1 所示。

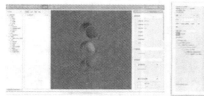

图 9.1　IFC、IFD、IDM 标准的四电族库建设

（2）基于 WebGL 的 BIM 文件轻量化

传统 BIM 引擎均针对建筑单体 BIM 文件展开应用，对铁路工程 BIM 文件独有巨规模线状文件存在解析、加载、显示慢的问题。本项目立足铁路工程实际应用特点，基于 WebGL 自主开发了适用于铁路工程的轻量化浏览引擎。该引擎采用轻量化、流式加载、硬件加速技术，将工程的各种三维模型的组织结构、属性信息、几何图形，转化为统一格式的轻量化模型构件，实现工程结构、属性、几何图形数据的自动关联提取，并转换为统一格式的轻量化三维模型构件，支持浏览 BIM 几何模型、查看模型信息、漫游、剖切显示、设备分组拾取显示和隐藏等多种功能。基于 WebGL 的 BIM 文件轻量化如图 9.2 所示。

图 9.2　基于 WebGL 的 BIM 文件轻量化

（3）基于 GIS 的 G 网无线信号覆盖模拟

本项目基于 GIS 的 G 网无线信号覆盖模拟，融合无人机、BIM+GIS 技术和自主研发 G 网的信道模型，把 G 网系统通过 BIM 模型直观地呈现出来。信道模型是在 Okumura-Hata 模型的基础上，经过各类环境的实测、拟合、修正而得到，具有适用范围广、预测准确、可靠性高的特点，结合 BIM+GIS 的直观呈现，已可对 G 网系统的组网方案进行准确模拟和计算，从而对 G 网系统方案进行优化，形成最优的 G 网组网方案。该技术与实际工程结合紧密，极大体现了 BIM 技术的应用特点，不仅可用于施工阶段的 G 网施工指

导，也可用于设计阶段的覆盖方案辅助设计。基于 GIS 的 G 网无线信号覆盖模拟如图 9.3 所示。

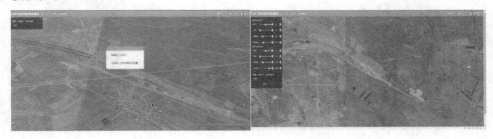

图 9.3　基于 GIS 的 G 网无线信号覆盖模拟

（4）基于 BIM 的线缆排布算法

通过建立四电设备、桥架、线槽、线缆等的 BIM 信息模型，根据图纸的规划布置，结合 BIM 碰撞检测及工艺工法，实现线缆敷设的自动排位排序，在尽量避免线缆交叉的情况下，确保线缆敷设的路径最优化。基于该算法开发的线缆布放优化系统在银西项目中甜水堡牵引变电所试点应用中，避免了现场极易出现电缆相互交叉及相互落压，减少了窝工返工，大大减少了废料率，现场反响良好，大幅提升了线缆敷设科学化的管理水平。基于 BIM 的线缆排布算法如图 9.4 所示。

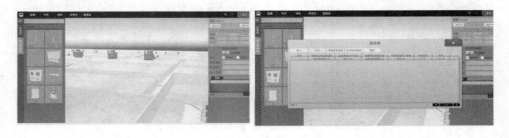

图 9.4　基于 BIM 的线缆排布算法

9.2　新建牡丹江至佳木斯高速铁路通信信号工程

9.2.1　项目简介

新建牡丹江至佳木斯是国家"十二五"规划的铁路工程之一，线路起自牡丹江市，终至佳木斯市。铁路建成后将大大缩短黑龙江东部城市之间的时空距离。牡佳高铁通信信号工程，起止里程 MJK351+525–K579+732，正线长度 371.622 公里，全线共设车站 6 处。

　　牡佳高铁通信信号工程 BIM 技术应用，按照"BIM 全寿命周期管理"理念，建设通信信号 BIM 全寿命周期施工管理平台，形成通信信号全寿命周期 BIM 应用体系，实现施工管理协同化、资源开发敏捷化、对外扩展模式化，并通过牡丹江至佳木斯铁路工程验证了管理方法的实用价值。

9.2.2　针对工程重难点应用

（1）基于 BIM 的高寒地区铁路建设工艺工法

　　设备可视化交底 BIM 工艺工法参照《高速铁路工程细部设计和工艺质量标准》《高速铁路工程质量验收标准》中对质量标准和安全要求的相关规定，并结合高寒地区铁路建设特点，在 BIM 建模软件中对设备的安装及要求进行工序模拟，并根据模拟结果进行可视化封装，既可在施工前用于对施工方案进行详细了解、分析，也可在施工过程中用于施工参照保证施工规范、提高施工质量。

图 9.5　工艺工法可视化交底示例

图 9.6　通信可视化工艺工法细节

（2）GSM-R 网络覆盖优化

GSM-R 网络覆盖优化系统使用信息化手段，融合无人机、BIM+GIS 及 GSM-R 无线信道模型等技术，把 G 网系统通过 BIM 模型直观地呈现出来，并对 G 网系统的组网方案进行模拟和计算，对 G 网系统方案进行优化，消除覆盖盲区，确保信号灵敏度和同频干扰满足要求，从而形成最优的 G 网组网方案。

图 9.7　GSM-R 各环境下优化效果

系统能模拟全线路任一点处场强模拟计算，与接收灵敏度做出对比。对整个覆盖情况进行判别，无线场强低于接收灵敏度或上下行链路预算不平衡时，给出相应解决建议并提示，可调整俯仰角、基站发射功率及基站天线高度，并重新计算覆盖。将问题消除在施工前，最终实现优化设计的作用。

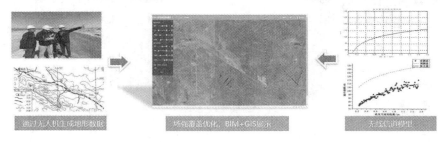

图 9.8　BIM+GIS+ 无线信道数据模型

9.3　新建和田至若羌铁路站后工程

9.3.1　项目简介

和若铁路西起新疆和田地区和田市，东至巴音郭楞蒙古自治州若羌县，全长 825 公里，534 公里分布在风沙区域，占线路总长 65%，是一条典型的沙漠铁路，为国家重点项目。全线共设车站 22 座，与格尔木至库尔勒铁路若羌至库尔勒段、南疆铁路库尔勒至喀什段、喀什至和田段共同构成长达 2712 公里的环塔克拉玛干沙漠铁路环线，这也是世界首个沙漠铁路环线。由中铁三局参建的和若铁路 SDJC2 标段位于新疆维吾尔自治区巴音郭楞蒙古自治州境内，主要工程包含旅客站房 4 座、生产性房屋 18 座、其他配套附属房屋 82 座，以及 421 正线公里的三电（通信信息、信号、电力）工程。工程全线使用 BIM+GIS 技术，对沙漠特殊环境下施工首件工程进行细致模拟，对细部工艺进行可视化交底，并在质量、进度、安全等多方面进行综合协同管理，达到站前站后专业基于 BIM 的协同应用，重点对 BIM 技术在沙漠特殊环境下铁路电力、通信、信号高质量设备安装及调试进行了研究和验证。

9.3.2　针对工程重难点应用

（1）以线缆智能敷设为出发点的 BIM 施工深化图纸自动生成

紧密结合站后三电设备安装工程的特点，紧紧抓住"设备"和"线缆"两大关键要素探索 BIM 技术在站后四电工程中的应用，以线缆设计配线图为应用起点，自动识别为 Excel 配线表数据，以设备构件族库为辅助，自动生成设备安装 BIM 图纸，更加贴合站后工程应用实际，实现了 BIM 站后工程应用的新理论、新方法创新。

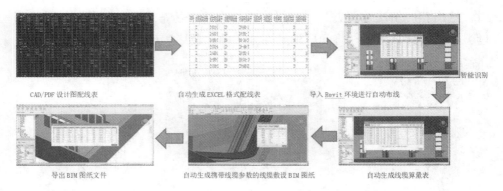

图 9.9　线缆自动算量

（2）以轻量化引擎为支撑点的 BIM 体系化应用

开发适用于铁路工程的轻量化引擎，搭建了适用于电力、通信、信号 BIM 全寿命周期体系化应用施工管理平台，集成站后三电工程信息收集、管理、交换、存储，实现各类施工数据的格式转换、协同处理、统一发布，实现了管理方法、流程及模式的优化，实现组织创新和软件创新，通过工程实践验证管理方法的实用性，具备铁路站后工程施工应用参考价值。

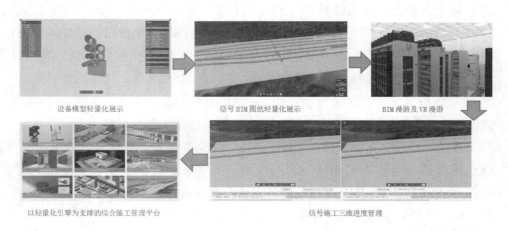

图 9.10　轻量化模型展示

（3）以设备安装施工为突破口的 BIM 技术施工深化正向应用探索

严格依据铁路 BIM 联盟系列标准进行站后三电工程 BIM 正向应用探索，从标准落地应用着手，通过项目验证了联盟标准的实用性，并在此基础上通过工程应用总结完善细化了部分标准，结合三电工程实际，围绕线缆敷设、首件漫游、可视化交底等难点进行施工正向应用探索，通过标准创新引领项目正向应用创新。

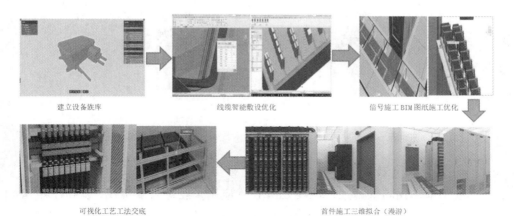

建立设备族库　　　　　　　　线缆智能敷设优化　　　　　　　信号施工 BIM 图纸施工优化

可视化工艺工法交底　　　　　　　　　　首件施工三维拟合（漫游）

图 9.11　施工图深化效果

第10章　总结和展望

10.1　总结

10.1.1　BIM 技术的优势

近年来，我国铁路大力推展 BIM 技术应用，经过大量实践，获得了不错成绩，积累了不少经验。应用 BIM 技术可有效对铁路工程建设的信息管理能力及技术水平加以提升，是未来铁路工程管理平台的发展方向和核心。

（1）先进的信息处理手段

BIM 技术作为先进的信息处理手段，具备将信息更精确、表现更直观、操作更方便的优点。BIM 技术其核心内容是将具体建筑物进行三维数字化处理，让其与实际物质世界维度保持一致，有利于铁路工程建设者直接从模型获取所需信息。三维模型相较二维，具有立体组合拼装优势，可使用标准族库进行有效组装，工作效率大大提高，同时，还可进行自动化组装并根据时间进行推演。基于标准化的基础，BIM 技术有很强的适应性，对于不同项目参与方和不同阶段均能很好进行协调，对于复杂问题的处理方式有显著帮助。BIM 技术还能集成制造、支持虚拟仿真及虚拟制造，在一定程度对工作效率以及管理水平进行提高。

（2）大数据承载器

铁路工程建设具备建设周期长、相关参与者较多等特点，其过程数据与设计数据结构差异较大且数量庞大，因此要对其进行系统管理和分析。铁路工程建设过程中所产生的数据具有为运营管理、工程建设、实际决策提供依据的作用，因此 BIM 技术作为大数据承载器可发挥其独特优势。要对数据进行集成管理，就需将信息集成模型进行稳定处理，BIM 技术也是最理想的数据集成模式。在铁路工程建设中对其建设成本、过程管理、运营周期、风险控制以及后期养护数据进行及时收集，将各信息集成，进而达到对铁路工程建设全周期数据的管理。数据价值的体现不仅局限于对实际情况的掌握程度，最重要的是对数据进行分析，从而对实际施工中的风险及效益进行了解。BIM 技术在对铁路工程建设提供数据支持的同时，也为大数据智能化、信息化奠定了信息基础。

（3）推进铁路工程建设的重要手段

通过对国内外建筑行业 BIM 技术应用研究发现，在推广应用 BIM 技术的同时，也推动了工程建筑标准化管理的进程。因其在铁路工程建设领域方面可以起到推动设计、完善建设过程、施工数据标准化等作用，所以在铁路工程建设过程中，技术和信息更加分明，信息使用也更方便，在一定程度上加快了铁路工程建设的发展。由于铁路行业与建筑行业明显的差异，虽然在铁路工程建筑中利用 BIM 技术协同作用是发展方向，但还需将技术进一步丰富。铁路工程本身具备跨度大、周期长、区域广等特点，要把管理和实际业务过程结合，更利于 BIM 技术的应用。

10.1.2　基于 BIM 技术的铁路工程建设管理优势

基于 BIM 技术的铁路工程建设管理是以面向工程建设对象为核心，与现代管理技术、信息技术、建造技术相结合，通过一体化信息平台，创新管理手段，促进铁路工程建设过程协同、资源配置优化，强化工程质量约束，提升安全管理水平的一套系统管理体系。依托 BIM 技术建立的铁路工程信息模型，以铁路建设规划和工程设计信息为底层模型，叠加建设阶段的过程信息，形成竣工模型，为运维阶段提供基础设施运行和维护信息基础，从而建立起覆盖各个阶段的完整的数字铁路，推进铁路建造信息化、数字化向智能化发展。

基于 BIM 技术的铁路工程建设管理通过对数据的真实记录、系统集成和有效组织，从信息维度、过程维度和价值维度为铁路工程建设管理提供创新手段实现协同管理。

（1）信息维度

现代工程建设管理，离不开对工程实体信息的掌握和综合。铁路工程数字实体是模型单元组合、排列的具象表达。模型单元是铁路工程信息模型中承载模型信息的实体及其相关属性的集合，是信息输入、交付和管理的基本对象。

从信息粒度角度，按模型单元承载信息等级划分，模型单元分项目级、功能级、构件级和零件级，见表 10.1。

表 10.1　铁路模型单元分类

模型单元分类	承载的信息
项目级	铁路工程项目或子项目或局部工程信息
功能级	完整功能模块或空间信息
构件级	单一构配件或产品信息
零件级	构配件或产品的组成零件或安装零件等信息

从信息的类型角度，铁路工程建设所管理的 BIM 模型单元可分为桥梁、隧道、路基、站场、轨道、通信、信号、接触网、牵引变电等不同专业信息模型。

从信息的特征角度，模型单元通常可以分为几何要素和非几何要素。BIM 模型几何要素包括表示铁路构筑物的空间位置及自身形状（如长度、宽度、高度等）的一组参数，通常还包含构筑物之间的空间相互约束关系，如相连、平行、垂直。BIM 模型的非几何要素包含铁路构筑物除几何信息以外的其他信息，如材料信息、价格信息及各种专业参数信息等。这些信息是铁路工程建设阶段的 BIM 模型中重要的数据，也是贯穿于铁路工程建设生命期的核心数据，这些数据在不同阶段被创建和利用，包含了丰富的工程信息，并支撑 BIM 模型的可视化三维展示。

（2）过程维度

能够支撑全生命周期应用是 BIM 技术的突出特点，这为铁路工程建设全过程管理提供了技术手段。依托 BIM 技术，建立以工程实体为对象的信息模型，并在各个阶段对模型附加各类信息。通过对项目信息进行高效地采集、存储、传输、检索、处理、计算等，提高项目管理效率，从而为铁路工程建设全过程内的进度、质量、安全、成本、合同、环境等管理提供服务。

建设阶段的工作是依据设计阶段交付的设计文件进行施工的过程。在铁路项目建设施工阶段需要附加工程实体的建造信息，包括实体信息、设备信息、现场管理信息、合同管理信息、模拟施工信息、材料价格信息、机械管理信息、施工工艺信息等，还包括深化设计、施工计划、加工、安装等信息，同时还需要对进度、质量、安全和成本等信息进行扩展，最终形成建设阶段铁路 BIM 模型，并交付给运维阶段。在建设阶段还可基于铁路 BIM 模型进行测量放样、施工模拟、数字化加工、3D 控制与规划等应用。

（3）价值维度

基于 BIM 技术的铁路工程建设管理通过创建和共享 BIM 模型信息，实现铁路工程建设管理手段的优化，其价值主要通过直观的信息表达、统一的信息标准和一致的信息传递三个方面体现。

①铁路工程 BIM 模型是客观世界的数字化直观表达。BIM 技术的引入，使铁路工程建设活动更直观形象，同时前置了建造过程和成果，将可能发生的冲突、问题提前预演，避免了在实际工程建设过程中可能发生的疏漏或错误。

②铁路工程 BIM 模型是依据完整统一的信息标准构建，可将铁路工程项目建设过程中产生的规模庞大、种类较多、格式不一的复杂数据进行统一有效的信息描述，实现信息交换，同时有助于加快各类软件对信息的兼容和利用，为信息共享集成管理奠定基础。

③铁路工程 BIM 模型能够实现建设管理中一致的信息传递，以工程为对象、以模型为载体将各类信息附加到 BIM 模型上，各参与方通过统一平台针对最新模型进行办公，保证建设阶段各过程之间的信息流转以及全过程信息共享，重点解决铁路工程建设过程中信息传递受阻、各类信息不兼容等管理难点，极大地减少了中间环节的沟通和协调时间，使各方能够方便获取权限内的各类信息。

10.1.3　BIM 技术在铁路工程管理平台建设中的应用分析

（1）铁路工程管理平台建设

四电工程范围广、跨度大，为更好地对项目进行建设，就需利用铁路工程管理平台对实际施工中产生的数据进行处理。此外，中立的联盟组织和行业协会与开放的市场机制相互适应，可将各方利益平衡，促进网络效应，发展秩序得以稳定。铁路工程管理平台的供应者是铁路工程建设主管部门，他们借助相应技术对铁路工程管理平台建设中所出现的问题进行决策、监督、管理等，由于他们的介入，中立的联盟组织和协会会在一定程度上稍微放权，以此促进铁路工程管理平台的良性发展。

（2）平台建设的规范与体系

①信息和用户应用

铁路工程管理平台应包含该项目的所有参与者，如运营单位、项目单位等，确保各参与者的所有需求，具体组成部分为 BIM 应用及铁路工程管理平台，BIM 技术起到整体协调作用，如调度指挥、应急管理、设计协调、竣工验收等。

②数据平台统一

数据平台统一是我国铁路提升社会化服务的重要表现，具体由技术平台、大数据分析平台、云计算基础设施等构成。数据平台统一有助于对数据进行集中处理，为大数据分析提供技术支持，决策者可根据大数据及 BIM 技术相互协调进行决策管理。

③规范标准体系

铁路工程管理平台规范化发展的重要部分则是规范标准体系，体系以BIM 技术为中心，下属为 BIM 技术应用过程标准、BIM 模型标准等组成，除此之外，标准体系还包括项目管理标准、大量数据标准等。在实际进行标准化建设时需恪守以下原则：切勿操之过急，标准化工作和应用建设并肩前进；标准化程度切勿过度，防止创新活力受到影响；让各建设单位结合自身优势积极参与到标准化工作中。

④信息安全体系

四电工程由于其地理位置分散，且参建者众多，铁路工程管理平台需依托互联网进行运行，同时也带来了信息安全风险。要从信息安全体系方面入手，对于应用、技术、用户、管理等各方面进行监测、改进、防护，确保信息安全体系管理规范，系统完善。为铁路工程管理平台提供安全保障，确保铁路工程管理平台有效运行。

（3）开放的技术和市场

市场的开放由铁路工程管理平台的特性决定。平台需要吸引更多的应用开发商以及在各领域拥有最新技术和成功经验的软件，否则不足以吸引众多开发商参与到建设中，平台得以发展的网络效果也无法达到，平台基本生态建设也无法建立。市场开放带来更大动力，需求也在市场经济促进下激发，铁路工程管理平台建设也会得到快速发展。同时，平台需要新鲜血液，若不进行技术开放，极易出现技术堆积，平台发展将受到阻碍。为确保平台实现自主发展，需不断进行技术更新形成高速的技术发展趋势，各管理平台之间相互协作，使供应商与特定技术解绑，促进管理平台良性发展。

10.2　展望

基于 BIM 技术的铁路工程建设管理打通了智能建造领域的信息传递路径，奠定了智能化建造的基础。本书以实现工程管理的宏观把控和精益协调为目标，提出基于 BIM 技术的铁路工程建设管理内涵，系统构建协同管理理论框架，深入开展应用实践，为铁路工程建设现代化管理提供了一套完整的解决方案。

（1）深度融合以 BIM 技术为核心的新一代信息技术，创新铁路工程建设管理理念。利用 BIM 技术对工程实体信息的多层次表达和集成优势，在工程建设各阶段分别叠加对应过程信息，通过一体化信息平台承载铁路工程建设管理全生命周期信息模型，实现对客观世界的数字化直观表达。

（2）明确基于 BIM 技术的铁路工程建设管理框架，突出协同管理核心价值。中国铁路工程建设管理充分吸收现代管理理念，突破传统的以组织管理为主体的管理模式，建立以信息流为主体的多方协同管理框架。在标准统一、管控制约、技术工具的支撑下充分发挥工程建设中的组织、阶段、资源因素的相互作用，实现项目协同、阶段协同、专业协同、任务协同，优化工程项目管理。

（3）落地铁路工程建设现场管理应用，实证基于 BIM 技术的铁路工程建设管理架构。将铁路工程建设协同管理方法应用于实际工程项目中，针对项目群协同、全体系管控、数字化施工等多个层面进行丰富实践，凸显了其在中国铁路工程建设管理中的重要价值。

（4）基于 BIM 技术的铁路工程建设管理体系在技术发展中不断完善，必将与铁路工程实践深入结合，向纵深发展，将覆盖铁路勘察、设计、施工、运维全过程，涵盖桥梁、隧道、路基、站房、四电等全专业，涉及设计、施工、建设管理、运营维修等全体人员。BIM 技术的广泛应用和深入发展，引发了铁路工程建设的一场革命，有力地推动了中国铁路建设朝着智能建造方向迈进。

10.2.1　基于数字孪生技术的工程质量安全管理

数字孪生技术作为虚实之间的双向映射，使二者实现动态交互和实时联系，是与物理系统对应的数字化表达。面向建造业工程质量安全管理的数字孪生技术应用，旨在实现整个建造过程的可控与可计算，基于先进感知、仿真、计算等技术与方法，开展实体工地质量安全的数字化管控。基于数字孪生技术的工程质量安全管理，关键技术主要有工程智能感知、计算与分析方法、工程数字孪生技术。

（1）工程智能感知、计算与分析方法的发展现状

智能建造作为一种在新技术驱动下涌现出来的建造模式，促使工程建造表现为以全面数字化为典型特征的新模式。智能建造一方面可实现从工程设计到工程运营的建造全过程数字化，另一方面可实现建造产品的数字化，并由此生成视频、图片、监测、传感等类别的海量数据；对这些数据进行挖掘，获得有价值的信息和知识，从而进一步提升建造质量安全管理水平。

在工程智能感知方面，随着物联网、第五代移动通信（5G）、机器视觉等技术的发展，可用工程数据规模不断扩大，为建造领域数字孪生技术的应用提供了条件；先进的传感手段为工程建造质量安全管理提供了丰富的数据基础。构建面向建造质量安全管理的数字孪生需要海量数据支持，一方面在数字空间构建多维、多尺度的虚拟模型需要建模对象属性、状态、行为、环境等数据，另一方面已构建的虚拟模型仍然需要借助工程实体的实时数据来更新模型。

在结构本体的智能监测方面，目前常用的高精度低功耗传感技术主要包括压电传感、光纤传感等，在结构监测中均有应用。压电传感技术的优势是体积小、质量轻、稳定性高、传感灵敏度高、制作成本低，因而易于铺设在结构表面进行监测，主要用于施工现场等恶劣工程环境的智能监测；光纤传感技术具有系统集成性高、测量精度高、损耗率小、性能稳定、纤细轻巧、灵敏度高等优点，与结构匹配度高，不易受电磁、温度、腐蚀等条件影响，已在工程建造的长期监测方面获得广泛应用。

工程施工现场通常有大量工人和机械参与作业，传统管理手段难以有效遏制不安全行为和不安全作业。AI 技术可对相关作业进行实时监控，并对不安全作业行为施加干预；针对机械操作安全，分析视频和图像等传感数据，对存在视觉盲区的机械作业进行辅助指导。在研究工人行为和机械作业方面，已逐步采用传感设备、图像视频等方式，通过机器学习、机器视觉等智能方法来识别某些类别的不安全行为和作业，但仍缺乏全面获取各类不安全行为和作业数据的技术体系。

工地施工现场的智能感知技术的应用为建造质量安全管理提供了良好基础，更为重要的是对施工现场的不安全知识进行提炼，实时动态分析施工现

场中的不安全状态，找出潜在的风险孕育机制与规律，为现场质量安全管理提供理论基础。在施工现场安全状态的感知分析方面，主要通过机器学习、语义分析等智能手段挖掘提炼相关安全知识，集中在针对单个目标的识别和干预方面，而涉及多目标的研究较少，致使提炼的知识处于相对零散的状态，缺乏内在的有机联系（即缺乏质量安全管理知识体系）。因此，亟需开展针对复杂、动态施工环境的安全感知研究，从现行的标准、规范、方案中形成质量安全管理风险体系和关联规则；利用图像、视频等抽取施工现场的信息要素，对安全状态进行判断、预警和干预，实时动态分析施工现场中的不安全行为模式与规律，为现场安全管理提供技术保障。

（2）工程数字孪生技术应用的发展现状

当前，数字孪生技术主要运用在工程建造项目的运行维护阶段。针对建筑工程，建立楼宇数字孪生模型，提供监测楼宇能源和资源消耗的可视化平台；针对基础设施工程，如建立桥梁数字孪生模型，用于预应力混凝土桥梁损伤、安全水平的评估和实时监控，并开展相应的养护工作。也有研究尝试构建面向施工阶段的工程数字孪生模型以支持对应的管理决策，如通过构造数字孪生模型对筒仓类型、填充材料和位置等信息进行跟踪检测，对材料供应流程进行优化，采取基于阈值的补货策略从而避免施工现场的筒仓耗尽。另有研究提出构建面向个人的数字孪生模型，设计了信息驱动认知的个人数字孪生模型。

数字孪生模型的更新方式与频率是数字孪生技术应用的核心问题。为保证工程数字孪生模型能够反映物理对象的真实状态，需要对模型信息进行更新。尽管手动更新是最为直接的方式，但考虑到手动更新费时费力，主要采用传感器来采集数据并进行模型更新。当数据来源和种类较多时，需要采取混合更新策略，如城市灾害数字孪生模型的数据更新方式包括遥感、社会感知、众包数据等。实时更新的方式不一定适合所有场景，在部分场景反而会造成资源浪费，因此选择模型数据更新方式需要综合考虑技术和经济因素。

数字孪生技术对基于数据驱动的工程质量安全管理决策具有重要价值。数字孪生已在建模、信息物理融合等方面取得了一定进展，通过对项目全要素物理和功能特性的数字化表达，使得传统文件级数据管理转变为更为精细的构件级数据管理。

(3) 存在的不足

基于数字孪生技术驱动的工程质量安全管理研究仍存在一些不足之处。首先，现有工作仅在技术层面对现场情况感知、数据建模等进行了研究，尚停留在 BIM 应用、可视化视频监控等方面，并未实现真正意义上的数字化、集成化、智慧化工地建设模式，也没有形成质量安全管控的成套体系。其次，面向智能化质量管理的产品—组织—过程（POP）模型也存在数据采集、检测、追溯体系不完全，未引入用户意见进行质量改进等一系列问题。因此，有必要建立新一代智能质量安全管理与控制体系，实现施工质量安全在线感知、实时分析和智能控制；同时，在工程要素的语义化建模与映射，数字孪生模型动态实时交互的信息物理融合，物理实体、虚拟模型和服务系统一体化等方面，应重点开展技术攻关。最后，数字模型精度与更新间隔之间的经济性有待深入研究。

10.2.2　新一代智能建造质量安全管理与控制体系

新一代工程智能建造质量安全管理与控制体系（见图 10.1），利用数字孪生技术将"人、机、料、法、环"等工程要素虚拟化和参数化，利用智能算法实现智能化设计及工程质量安全状态智能感知与分析；据此进行工程质量安全治理与动态监管，实现人与系统之间、系统与平台之间、平台与设备之间的智能互联互通，实现面向施工质量安全的建造过程泛在感知、实时分析和智能控制。

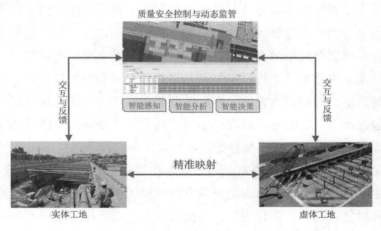

图 10.1　新一代工程智能建造质量安全管理与控制体系

（1）面向质量安全控制的产品智能设计

①以质量安全为导向的智能设计

运用项目外部环境的数字孪生参数模型和设计方案库数据，根据用户需求及偏好，结合项目特征、地理位置、地质情况、容积率等参数，针对项目质量与安全管理目标，实现智能建造设计，自动推算出符合要求的产品设计方案。

②用户有效参与设计

技术发展促进了创新形态转变，现阶段的设计理念更加重视以用户为中心。用户体验是用户对期望使用的产品、系统或服务的认知印象和回应，包括情感、信仰、喜好、认知等方面。传统工程质量安全管理以满足相关标准规程为目标，用户较少参与；在新技术条件下，应将用户使用体验作为检验工程产品质量可靠度的最终目标，这将是企业核心竞争力的体现。同时，将持续改进质量管理的理念融入到前端设计环节，充分考虑后续施工与使用环节的便利性和可靠性；将用户意见、反馈与需求纳入设计需求，面向用户需求提供定制化的工程服务，为用户提供高质量的产品。

③产品质量持续改进

基于数字孪生技术条件，在工程建设之前，运用仿真镜像，通过数字化设计和仿真出完整的数字档案，包括产品结构、功能、材料、工艺流程等，实现工程安全质量追溯；在工程进行过程中，通过传感与监测技术，实现实体与虚体之间的相互投射与校核，捕捉工程偏差并进行及时纠偏；积累大量工程质量安全问题数据，形成质量安全通病库，对特定的工程建设项目进行质量安全风险评估，并在虚拟条件下进行调整与验证，根据工程建设进展进行持续的质量改进。

（2）工程质量安全状态智能感知与分析

①面向工地安全的工程物联网网络布局

从"人—机—环"安全状态相互作用机理出发，在施工现场布置面向工程质量安全监控传感器，如视频监控、定位传感器、位移传感器等；集成5G、传感网、云边协同计算方法，建立基于5G的智能工地安全物联网技术体系，实现对工程实体数据的实时监控。

②工地泛场景下的施工安全状态智能感知与计算方法

利用机器视觉、传感器、深度学习等智能感知技术，采集施工过程中人的工作状态与位置、机械设备运行轨迹、场景环境状态实时数据，提取施工现场中"人—机—环"风险要素，识别人的不安全行为和物的不安全状态，进而对工程中可能产生的质量安全问题进行预测与干预。

③面向质量安全的工程数字孪生语义建模

分析主要工程要素数据的结构化语义表征，将数据中包含的语义特征进行分类和结构化编码，以便进一步的数据利用；将点云、图像、文本等不同类型的工程数据转化为跨模态的工程数字孪生动态模型，将离散的图像与点云代表的几何信息通过规范化、结构化的语义信息与自然描述语言相连接。通过从现场状态图像到数字语义表征的自动识别与转化，提高数据的可交互性与可操作性。

（3）数据驱动的工程质量安全控制

基于工程数字孪生语义模型，通过工程虚体模型对工程实体模型进行质量安全风险识别、预测与控制，可以实现工程虚体和工程实体之间的映射与深度交互。现场施工是一个复杂动态的过程，通过建立面向工程施工质量安全控制的数据体系结构和数据集成管理，模拟施工现场的工人、机械设备、环境等可能出现的不安全情况，分析引起工程质量安全的机理；从工人不安全行为、机械不安全状态、工程结构安全三个维度，开展数据驱动的施工现场质量安全管理控制。

（4）工程质量治理与动态监管

①基于区块链的工程质量可信大数据

在数字孪生环境下，构建覆盖建筑业的工程质量安全信息可信管理体系与平台，一致可靠地记录海量数据与信息。通过高效的数据采集和有效的信息整合，提升工程质量安全监管的针对性和有效性；通过建立数据的集体维护和共治机制，确保工程质量安全信息的公开、透明、不可篡改，进而形成工程质量安全监管的数据基础、丰富行业治理能力的手段。真实、准确、实时的数据，保障了建筑产品在全员、全构件、全过程的质量可监管和可追溯，强化了工程质量安全责任事故的追责能力，支撑工程质量终身责任制的落实，进一步提升工程安全治理效能。

②基于诚信的动态评价

在数据公开、透明的条件下，运用数字孪生技术产生的各类工程质量安全动态数据，通过自动化整理与分类，形成责任主体诚信行为数据集，更好接受来自社会、政府机构、相关利益主体的监督。通过数据挖掘和机器学习，建立基于数据，具备科学性、可比性和可操作性的诚信动态评价体系，改善传统评价方法的主观性和滞后性；对市场主体的诚信状态进行实时的计算与排序，激发工程质量安全责任主体与个人的能动性，形成全社会广泛参与，基于诚信动态评价的建筑市场运作机制，保证工程建造的质量与安全。

③基于质量的激励机制

在公开透明的工程质量安全数据管理体系以及涵盖相应责任主体、岗位、个人的诚信动态评价体系基础上，运用基于质量的激励机制可以激发建筑业参与主体在提升质量安全水平与绩效方面的积极性。由政府主导形成基于最高诚信评价的评标机制，推动实施基于工程质量安全的奖励制度，使得诚信评价越高、质量安全表现越突出的主体能够获得更多收益。此外，在工程项目平台交易的场景下，采用基于主体动态评价的合作推荐机制，使工程质量安全绩效良好的建筑市场参与主体获得更多的交易推荐机会。

10.2.3 新一代建造安全管理与控制体系发展建议

（1）管理方面

①构建开放共享的工程建造质量安全信息环境

工程建造质量安全管理应建立在大数据的基础上，包括市政设施、企业经营等相关数据。构建开放、数据共享的工程建造质量安全信息环境，打破部门之间的数据壁垒，为工程质量安全信息的调取、分析与决策提供充分便利。整合多源异构信息，规范信息的存储与表达，推动数据共享，为信息化、数字化、智能化建造提供关键的基础支撑。

②建立透明的工程建造质量安全信用体系

工程建造质量安全事关国计民生，数字孪生技术打通了物理实景信息与数字虚拟场景之间的界限，网络系统也逐渐由封闭向开放转变。在新技术背景下，工程建设质量安全的责任主体也应建立健全工程建造质量安全信用体系，通过信用档案建设，将企业乃至个人与工程深度连接，形成责任信息链，促进企业内部及个人对工程建造质量的管理。

③打通建设管理业务的关键环节

将智能化的工程质量安全管控技术应用于相关管理部门的实际监管流程，保证信息及时性，减少人为操作。如在施工阶段，应用数字孪生技术进行质量验收数据的自动采集与导入、质量数据智能分析与业务流程审批，将虚拟模型代表的设计参数与施工产品代表的工程现状进行多尺度的符合性校验；在采集数据的同时进行同步验收，自动形成施工验收资料。运用数字孪生技术联通虚拟与现实，将施工现场数据与管理平台管理模块对接，减少重复手工劳动及中间环节，支持工程项目管理的提质增效。

（2）技术方面

①可操作性强的远程人机交互

数字孪生技术强调物理对象与虚拟对象之间的交互，可将目标系统的机构、机理、运行流程、状态、健康情况、变化趋势等状态动态映射到虚拟空间，使管理者与虚拟体之间可以沉浸式交互；与通信技术深度结合来实现远程操作，如可视化在线质量安全诊断、三维作业指导等，在新型冠状病毒肺炎疫情背景下可减少工程现场大量人员聚集带来的风险。

②集成数字化基础设施

借助数字孪生技术，对城市基础设施进行集成和数字化呈现，支持构建数字城市，实现城市管理智能化和运行有序化。可应用激光扫描、倾斜摄影、三维信息建模等技术，建立完整精确的城市建筑结构群、市政道路网、地下管网等模型。以地下管网为例，通过扫描得到模型部件的位置、尺寸和走向，录入管线的图形、属性、连接头等信息，建立地下管网的可视化系统。通过虚拟空间和城市实体的联动，指引和优化物理城市的交通管控、设施运维、生态环境建设，协助处理突发事件及紧急情况，助力智能化、数字化城市建设。

③深度结合平行系统

平行系统和数字孪生技术是伴随着 AI 和物联网等技术发展起来的，皆通过数据驱动，与物理实体构建出虚拟系统并对此进行试验、分析、解析和优化。工程建造中的数字孪生建模，对开放环境的考虑较少，与环境单向交互的特点导致其对环境的感知落后于环境变化。而在平行系统中，通过应用智能体等方式将人员和环境在人工系统中进行建模，以实际系统在人工系统中的映射作为内在认知过程，不断改变内在认知信息以对社会环境产生反馈。建筑业领域除了应用数字孪生技术对建筑物进行实景仿真外，还需集成人员、机具、材料、方法、环境等多维信息，特别是人员行为对工程质量安全状态的影响；通过对参建个体特征、行为、交互机制的全面准确描述，构建整体复杂系统模型，研究复杂系统的演变规律，指导建筑建造过程。

（3）标准与规范方面

数字孪生技术应用的基础是规范与标准的模型语言表达。在数字孪生技术的发展过程中,统一的建模语言和方法至关重要。通过使用 UML、SysML 等建模语言,建立面向对象开发、模型驱动开发的方法体系,将反映现实需求的系统转化为抽象模型。相较于通过简单代码堆叠构建的系统,抽象模型的集成性、交互性和扩展性均得到提升,显著提高了工作效率。

有关数字孪生技术的国际标准制定是未来发展的重点。国际标准化组织自动化系统与集成技术委员会(ISO/TC184)正在研究制定数字孪生构建原则、参考架构、物理制造元素的数字表示、可视化元素等的标准;信息技术标准化联合技术委员会数字孪生咨询组(ISO/IEC)在数字孪生术语、标准化技术需求、关键技术、参考模型等方面开展了研究。这些标准虽然还未发布,但我国需要更多参与数字孪生技术标准规范的制定,立足国情发布指导意见和规范。标准通用的数字孪生模型将进一步提升质量安全风险因素的自动识别与情景匹配的能力,改善现场质量安全的管理效率。

10.3　结语

随着 5G、深度学习、区块链等技术的发展,智能基础设施可在更广范围和更深层次上进行信息的物理交互,支持形成快速、高效、密集联结的"物联社会"。当前,数字孪生技术在智能建造领域的应用尚处于起步阶段,重要原因在于关键技术尚未完全突破,数据收集与处理不够完备,学科融合难度较大,技术标准尚未成熟。今后,数字孪生技术在建筑业的落地发展还需与质量安全管理实际需求相结合,探索数字孪生技术应用场景及应用实践,促进建筑业管理模式的改进升级。

数字孪生技术在制造业、电子信息产业得到了深入研究,随着数字化技术的进一步发展以及传感技术的日益成熟,对于建筑物理实体的精确全面感知,数字工程设施精确复现,基于 AI 和边缘计算的数据快速分析处理与可视化呈现,将是数字孪生技术未来重点研究与发展的方向。在智能建造需求的驱动下,数字孪生技术在铁路行业中的应用前景良好;基于全要素、全过程视角,以智能建造为基础,以智慧铁路为目标,充分体现创新是我国铁路实现高质量发展的重要驱动力。

参考文献

[1] 杜鉴 . 建筑质量安全管理信息系统的应用 [D]. 昆明：云南大学，2009.

[2] 李成 . 基于智能移动终端的工程质量信息管理系统的开发技术研究 [D]. 长沙：中南大学，2011.

[3] 熊丹 . 建筑施工现场安全管理信息系统研究 [D]. 武汉：中国地质大学，2011.

[4] 刘利 . 施工现场安全管理信息系统的研究 [D]. 哈尔滨：哈尔滨工业大学，2007.

[5] 王廷魁，胡攀辉，王志美 . 基于 BIM 与 AR 的全装修房系统应用研究 [D]. 重庆：重庆大学，2013.

[6] 应宇垦，王婷 . 探讨 BIM 应用对工程项目组织流程的影响 [J]. 土木建筑工程信息技术，2012 (3)：52-55.

[7] 肖梦琪，莫世聪，熊峰，等 . 基于 BIM 的清单式施工质量控制方法 [J]. 项目管理技术，2014，12 (7)：63-67.

[8] 杜泓翰，杨光，计增龙 . 探究 BIM 在建筑施工中的应用 [A]. 中建一局 .

[9] 米佳佳 .BIM 技术在国内的应用现状探究 [J]. 电子测试，2013 (17)：97-99.

[10] 刘志车 . 铁路旅客车站设计指南 [M]. 北京：中国铁道出版社，2006.

[11] 郑健 . 中国铁路客站技术交流会论文 [C]. 北京：中国铁道出版社，2012.

[12] 丁烈云 .BIM 应用·导论 [M]. 上海：同济大学出版社，2015.

[13] 丁烈云 .BIM 应用·设计 [M]. 上海：同济大学出版社，2015.

[14] 丁烈云 .BIM 应用·施工 [M]. 上海：同济大学出版社，2015.

[15] 张华明，正凯 . 建筑施工组织 [M]. 北京：中国电力出版社，2006.

[16] 翟丽旻，姚玉娟 . 建筑施工组织与管理 [M]. 北京：北京大学出版

社，2009.

[17]张新华，范建洲.建筑施工组织[M].北京：中国水利水电出版社，2008.

[18]丛培经.建筑施工网络计划技术[M].北京：中国环境科学出版社，1997.

[19]苏锋.建筑施工组织与管理[M].北京：化学工业出版社，2008.